Hans-Werner Zöllner

AGENDA 222

Ein Strategiepapier für die Gemeinde

(Gemeinde-Coaching Band 3)

Hans-Werner Zöllner

AGENDA 222

Ein Strategiepapier für die Gemeinde

(Gemeinde-Coaching Band 3)

Bibelzitate, sofern nicht anders angegeben, wurden der Luther Bibelübersetzung 1984 entnommen.
Bibeltext der Luther-Übersetzung: © 2000 Deutsche Bibelgesellschaft.
Hervorhebungen einzelner Worte oder Passagen innerhalb von Bibelstellen wurden vom Autor vorgenommen.

Aus Gründen der Lesbarkeit wurde bei geschlechtsspezifischen Begriffen oder Satzzusammenstellungen grundsätzlich die männliche Form gewählt.

Bibliografische Information der Deutschen Nationalbibliothek
Die Deutsche Nationalbibliothek verzeichnet diese Publikation in der Deutschen Nationalbibliografie; detaillierte bibliografische Daten sind im Internet über http://dnb.dnb.de abrufbar

© 2020 Hans-Werner Zöllner

Herstellung und Verlag
BoD - Books on Demand, Norderstedt
ISBN: 978-3-7526-2089-4

*Mein Dank für dieses Buch gilt
Jesus Christus, der von sich gesagt hat:*

„Ich will meine Gemeinde bauen, und die Pforten
der Hölle sollen sie nicht überwältigen." (Matthäus 16,18)

und der seinen Nachfolgern sagen lässt:

„Dient einander,
ein jeder mit der Gabe, die er empfangen hat, als die
guten Haushalter der mancherlei Gnade Gottes."

(1. Petrus 4,10)

*ER möge dieses Buch jeder Gemeinde zum Segen
werden lassen, die leidenschaftlich daran interessiert
ist, allein Gott die Ehre zu geben!*

Inhalt / Themen

Einleitung

*„Wenn die grundlegenden Qualifikationen geistlicher Lei-
terschaft nicht entwickelt werden, dann sind wir trotz theologischer Ausbildung nicht darauf vorbereitet, Diener Christi
zu sein."*[1]

*„Weidet die Herde Gottes, die euch anbefohlen ist; achtet
auf sie, nicht gezwungen, sondern freiwillig, wie es Gott gefällt; nicht um schändlichen Gewinns willen, sondern von
Herzensgrund; nicht als Herren über die Gemeinde, sondern als Vorbilder der Herde. So werdet ihr, wenn erscheinen wird der Erzhirte, die unvergängliche Krone der Herrlichkeit empfangen."* (1. Petrus 5,2-4)

Es war im Januar 2020. Wir ahnten noch nicht, was auf uns als Gemeinde zukommen würde. Sicher hörte man die eine oder andere Nachricht „vom anderen Ende der Welt", dass ein Virus sein Unwesen treiben
würde. Aber zu diesem Zeitpunkt betraf es uns ja noch nicht.

Doch dann kam der 16. März 2020, der in der deutschen Kirchen-
landschaft vieles verändern sollte. Zunächst bedeutete dies, dass bis
auf weiteres keine Gottesdienste mehr stattfinden durften - die Corona-
Pandemie hatte die Nachfolger Jesu ins Mark getroffen. Bisher dachte
ich immer, es sei ein lebloser Spruch, wenn ich hörte, dass Menschen
sagten: „Die Welt wird nicht mehr so sein, wie zuvor!" Nun sollte ich am
eigenen Leib erfahren, wie sich dieser Satz anfühlen würde, wenn sich
die dazu passenden Ereignisse einstellen.

Und plötzlich war die Gemeinde vor Ort irgendwie verschwunden;
einfach nicht mehr zu erreichen, wenn es keine entsprechenden Netzwerke oder Kontaktpunkte gab. Aller Orten hörte man von Verantwortlichen in Gemeinden, dass in dieser Zeit offen zu Tage getreten sei, was
bisher im Verborgenen geschlummert habe: Konsumverhalten, Gleich-
gültigkeit, Misstrauen, mangelndes Zusammengehörigkeitsgefühl, um
nur einige zu nennen, von denen ich gehört und gelesen habe.

---

[1]   Vgl. Getz, Gene A.: Der Mann, wie Gott ihn haben will, S. 15.

Es folgte eine Zeit, in der ich sehr viel über Gemeinde Jesu nachdachte. Auch über meine persönlichen Erfahrungen mit Gemeinde, in den über 25 Jahren, in denen ich in verschiedenen Gemeinden verantwortlich mitgearbeitet hatte. Vieles hatte ich erlebt. Manches habe ich angestoßen, mit mehr oder weniger Erfolg. Wie würde mir nun diese Erfahrung helfen können? Von welchen ähnlichen Situationen könnte ich profitieren? Würde mir meine Erfahrung in diesen besonderen Zeiten überhaupt weiterhelfen können? Viele offene Fragen...

Ich habe die Angewohnheit, mir jeden Morgen ausgiebig Zeit zu nehmen, um mit Gott zusammen zu sein, und vor allem auf ihn zu hören. In all meinen offenen Fragen geschah es dann, am Morgen des 28. April 2020, dass ich von ihm folgende Worte vernommen habe:

> *„Du kannst und du darfst nicht mehr so weitermachen und weiterleben, wie du es bisher getan hast [...] Es geht darum, [...] Gemeinde so zu bauen, dass Menschen nicht mehr zögern, sich dort einbringen zu wollen. Deshalb musst du weiter vorangehen, und ich werde es segnen!"*

Diese Worte haben mich aufgerüttelt. Wieso nicht mehr so weitermachen, wie bisher? War alles schlecht, was wir bisher gemacht hatten? „Nein, war es nicht!", meinte ich zu hören. Doch wenn wir nun in eine neue Zeit eintreten, werden wir dieser nur dann erfolgreich begegnen können, wenn wir Neues wagen, bzw. neue Wege gehen.

Man kann sich das vorstellen, wie bei einem Upgrade einer Computer-Software. Bei einem Upgrade werden vorhandenen Bausteine der Software durch neue ersetzt. Was bisher gut war, wird in die aktualisierte Version der Software übernommen. Was nicht hilfreich war, wird durch die neuen Bausteine aus dem Upgrade ersetzt.

Dieses Bild half mir, die Worte von Gott zu verstehen, die mich in der Folge auch dazu veranlasst haben, diese „AGENDA 222" zu verfassen[2]. Verstehen Sie es bitte nur als Upgrade zum Vorhandenen. Als eine Hilfe, vorhandene Programme in Ihrer Gemeinde zu hinterfragen und zu ergänzen, wohl wissend, dass solch ein „Upgrade" ohne einen mächti-

---

[2] Wer wissen möchte, warum gerade die Zahl „222" verwendet wurde, kann in Anlage 1 etwas über biblische Bedeutungen der Zahl „2" und den Grund für diesen Titel erfahren.

gen Beistand immer zum Scheitern verurteilt sein wird. Denn:

„Es soll nicht durch Heer oder Kraft, sondern durch meinen Geist geschehen, spricht der HERR Zebaoth." (Sacharja 4,6)

In diesem Sinne wünsche ich Ihnen eine spannende Lektüre, die eine Leidenschaft in Ihnen dafür weckt, nicht einfach so weiter zu machen, wie Sie es bisher getan haben.

Gott segne Sie dabei.

Ihr Hans-Werner Zöllner

Wichtige Hinweise:

(1) Falls Sie noch wenig Erfahrung mit dem Studium der Bibel bzw. der Meditation über Bibelstellen haben, lege ich Ihnen den Abschnitt „Biblische Meditation" aus diesem Buch ans Herz. Dort erfahren Sie, wie Sie die Bibel so lesen können, dass Sie einen persönlichen Gewinn davon haben werden.

(2) Wenn Sie daran interessiert sind, die Inhalte dieses Buches um weitere Themen geistlichen Lebens und der Theorie und Praxis christlicher Gemeinde-Arbeit zu erweitern, empfehle ich Ihnen die Bücher im Abschnitt „Weitere Bücher von Hans-Werner Zöllner" in diesem Buch.

Bevor Sie starten…

„Zeit ist zu kostbar, um sie mit falschen Dingen zu verschwenden."[3]

„Seid klug wie die Schlangen und ohne Falsch wie die Tauben." (Matthäus 10,16)

„Zeit ist Geld", schrieb einer der Gründerväter Amerikas, Benjamin Franklin[4], in seinem 1748 erschienenen Buch „Ratschläge für junge Kaufleute". Zeit ist demnach nicht nur heute ein kostbares Gut, das man nicht verschwenden sollte. Um mit diesem Buch Zeit zu gewinnen, und aus den Inhalten den größtmöglichen Nutzen zu ziehen, möchte ich Ihnen in diesem Kapitel gerne mitteilen, wie Sie mit diesem Buch arbeiten können.

Sie können es auf jeden Fall, wie jedes andere Buch, von vorn bis hinten durchlesen, bzw. durcharbeiten. Auch dann werden Sie sicher großen Nutzen daraus ziehen können. Sie können es allerdings auch thematisch durcharbeiten, indem Sie sich nur die Themen vornehmen, die Sie persönlich interessieren, oder die Sie für Ihre aktuelle Gemeindesituation als notwendig und hilfreich erachten.

Dazu habe ich dieses Buch so aufgebaut, dass es sich an den im Kapitel „Leiten in der Praxis" erläuterten Grundfragen zum visionären Gemeindeaufbau orientiert: (1) Wo stehen wir? (2) Wo wollen wir hin? (3) Wie kommen wir dort hin?

Auch wenn die Fragen (1) und (2) einen sehr kleinen Raum in diesem Buch einnehmen, sollten Sie diese nicht außer Acht lassen. Sie können sich noch so lange fragen: „Wie kommen wir dort hin?", und werden keine Antwort finden, wenn Sie die Frage: „Wo wollen wir hin?" nicht beantwortet haben. Und Sie können noch so lange darüber rätseln, in welchen Schritten Sie Ihre Vision erreichen können, ohne welche zu finden, solange Sie nicht geklärt haben, wo Sie sich gerade be-

---

[3]   Heinz Rühmann. Deutscher Schauspieler und Sänger (1902-1994).

[4]   Benjamin Franklin (1706-1790) war ein amerikanischer Drucker, Verleger, Schriftsteller, Naturwissenschaftler, Erfinder und Staatsmann.

finden. Wenn Sie wissen, wo Sie sich als Gemeinde gerade befinden, und wo Sie hinmöchten, werden Sie auch einen Weg dahin finden.

Und dabei kann ihnen dann das von mir als „Gemeindebau-Pyramide" bezeichneten Schaubild helfen, das im Kapitel „Vision und Werte als Fundament der Gemeindearbeit" erläutert wird. Bitte lesen Sie zunächst das eben genannte Kapitel, bevor Sie an dieser Stelle weiterlesen. Das wird Ihnen beim Verständnis der folgenden Erläuterungen eine Hilfe sein.

Die Spitze dieser „Gemeindebau-Pyramide" hebt sich bewusst farblich ab, denn sie ist, wie bei der Spitze eines Eisbergs, der Teil, der in der praktischen Gemeindearbeit sichtbar ist, und in den die meisten Ressourcen investiert werden: „Programme" und „Personal".

Geschieht jedoch die praktische Gemeindearbeit nicht vor dem Hintergrund einer Gemeindevision mit biblischen Werten, auf der Basis von Prioritäten, die durch zweckmäßige Strukturen gesetzt werden, und entlang einer Strategie, die das Potential hat, eine Vision zu entfalten, wird vieles nur in frommem Aktionismus enden, der auf Dauer keinen Fortschritt bringt, und für alle Beteiligten sehr ermüdend sein kann.

Deshalb schlage ich vor, sich an den einzelnen Bereichen dieser „Gemeinde-Pyramide" zu orientieren, und sie von unten nach oben zu bedenken und zu bearbeiten.

Das Besondere an diesem Buch ist, dass es in weiten Teilen kein Grundsatzwerk ist, in dem Sie Erläuterungen und Hilfen zur Erarbeitung von Vision und Werten finden. Es enthält keine Punkt-für-Punkt-Erklärungen dazu, wie Sie Prioritäten setzen, eine Struktur aufbauen, eine Strategie entwerfen, Programme entwickeln und Personal gewinnen und integrieren.

Diese Themen habe ich in meinen Büchern „Die Vision als Fixstern der Veränderung", „Leiterschaft ist … wenn der Leiter schaf(f)t" und „Plane dein Leben … denn die Uhr tickt!" bereits umfassend bearbeitet. Näheres zu diesen Büchern finden Sie im Kapitel „Weitere Bücher von Hans-Werner Zöllner".

Das Besondere an diesem Buch ist, dass es den einzelnen Bereichen der „Gemeinde-Pyramide" zuarbeitet, indem es sich mit einigen der Hauptthemen befasst, auf die Sie normalerweise stoßen werden, wenn Sie sich mit der Entwicklung Ihrer Gemeinde befassen. Die Themen dieses Buches sind also nicht einfach lose zusammengesetzt, wie bei einem Flickenteppich, sondern es sind strategisch wichtige Themen, für Entwicklung und Aufbau einer gesunden Gemeinde.

Sie werden den größten Nutzen aus diesem Buch ziehen können, wenn Sie sich zunächst mit den Fragen auseinandersetzen, die Ihnen zu Beginn des Kapitels „Leiten in der Praxis" in diesem Buch begegnen. Nehmen Sie sich ruhig die Zeit, diese Fragen sehr intensiv zu bedenken und zu beantworten. Sie werden es nicht bereuen!

Wenn Sie dies getan haben, werden sich daraus weitere Fragen dazu ergeben, wie dies alles in der Praxis aussehen könnte. An dieser Stelle setzen die Inhalte dieses Buches an, die Sie verwenden können wie eine Art Werkzeugkoffer, aus dem Sie immer nur das Werkzeug herausnehmen, das Sie brauchen, um das zu bearbeiten, was für Sie gerade ansteht.

Ein Beispiel: Sie befassen sich mit dem Bereich „Strategie" und fragen sich, welche Strategie das Potential haben könnte, Ihre Gemeindevision zur Entfaltung zu bringen. Mit dieser Frage gehen Sie am besten zum Kapitel „Leiten in der Praxis", und dort in den Unterabschnitt „Strategie". Dort werden Sie einem Prinzip begegnen, mit dem es möglich ist, den Menschen zu helfen ihr geistliches Leben zu entwickeln, die sich für ein Leben mit Jesus entschieden haben. Bzw. es setzt sogar noch früher an, nämlich an der Stelle, wo es um das geht, was Jesus seinen Nachfolgern aufgetragen hat: Menschen des Friedens zu finden (vgl. Lukas 10,1-12) und sie zu Jüngern zu machen (vgl. Matthäus 28,18-20).

Das ist nur ein Beispiel dafür, wie Sie alle Themen bearbeiten können, die für Sie in diesem Buch aufbereitet sind. Dabei werden Sie feststellen, dass es sich nicht um fertige Modelle, Methoden oder Programme handelt, sondern um Prinzipien, aus denen Sie die für Ihre Gemeinde passenden Dinge erarbeiten können.

Vision und Werte als Fundament der Gemeindearbeit[5]

„Er (Gott) *lässt sie bestehen für immer und ewig; er gab eine Ordnung, die dürfen sie nicht überschreiten."*

(Psalm 148,6)

Es gibt in der geistlichen Welt Ordnungen, und es gibt in der natürlichen Welt Ordnungen, die wir Menschen z.B. „Naturgesetze" nennen. Eines der Naturgesetze des Menschseins ist, dass jeder Mensch fundamentale Bedürfnisse hat. Der US-amerikanische Psychologe Abraham Maslow (1908–1970) hat dazu im Jahr 1943 eine Abhandlung veröffentlicht, die später als „Bedürfnispyramide" in die Soziologie einging.

Der Hintergrund dieses sozialpsychologischen Modells ist, dass die nächste Ebene menschlicher Bedürfnisse erst dann erreicht werden kann, wenn die vorhergehende befriedigt wurde. Solange z.B. die Grund- oder Existenzbedürfnisse nicht befriedigt sind, spielen Bedürfnisse wie „Sicherheit" oder „Sozialbedürfnis" nur eine untergeordnete Rolle. Bzw. es besteht für einen Menschen überhaupt keine Motivation, sich um diese Bedürfnisse zu kümmern, solange es noch „um das reine Überleben" geht.

Ähnlich verhält es sich, wenn es um die Bedürfnisse christlicher Gemeinden geht. Bzw. es sind ja eigentlich die Bedürfnisse von Menschen in einer christlichen Gemeinde, denn die Gemeinde als Leib Jesu Christi ist viel mehr als nur die Summe ihrer Glieder.

Vor diesem Hintergrund weisen die Autoren Brodeur und Liebscher in ihrem Buch „Erweckungskultur" darauf hin, dass im Rahmen der Arbeit einer christlichen Gemeinde die Gemeinde-Vision ein Grundbedürfnis der Gemeinde und deren Glieder darstellt. Dabei verweisen sie auf das Bild einer Pyramide, das John Wimber einmal zeichnete, als es ihm um gesunden Gemeindeaufbau ging.

---

[5] Vgl. Zöllner, Hans-Werner: Die Vision als Fixstern der Veränderung, S. 14.

„Wimber glaubte, dass das Fundament jedes geistlichen Dienstes die gemeinsamen Werte sind, die all seine Mitglieder anerkennen. Darauf aufbauend sollten Prioritäten, Arbeitsweisen, Programme und Personen hinzugefügt werden, um den Dienst »von innen heraus« oder »von unten nach oben« zu bilden." [6]

Wimber hatte das Gefühl, dass der Fehler, den die meisten Leiter machten, der ist, sich auf äußerliche Dinge wie Programme und Mitarbeiter zu konzentrieren. Er meinte, dass die Effektivität eines Dienstes oder einer Organisation wesentlich durch Werte, Prioritäten und Strategien bestimmt wird, welche die drei ersten Elemente der Kultur sind.

Es war seine Überzeugung, dass sich die Kraftlosigkeit einer Gemeinde oder eines Dienstes direkt auf den Mangel an Beständigkeit zwischen ihrer Kultur und ihren Programmen bezieht.

Dies ist auch meine Erfahrung, aus über 25 Jahren praktischer Gemeindearbeit. Ich schätze jedoch die Gemeinde-Vision als noch grundlegender ein als gemeinsame Werte, denn wer nicht weiß, wo ein (Gemeinde-) Zug hinfährt, wird nicht in den Zug einsteigen, auch wenn er mit den Werten der Eisenbahngesellschaft einverstanden ist.

Damit möchte ich allerdings nicht zum Ausdruck bringen, dass gemeinsame Werte für die Arbeit einer Gemeinde bedeutungslos sind. Das Gegenteil davon wird im Folgenden noch deutlich werden. Aber ich sehe gemeinsame Werte in jedem Fall der Vision einer Gemeinde nachgeordnet, maximal „auf Augenhöhe".

---

[6]   Vgl. Brodeur, Michael; Liebscher, Banning: Erweckungskultur, S. 297.

Leiten mit Vision und Werten

„Denn wer ist unter euch, der einen Turm bauen will und setzt sich nicht zuvor hin und überschlägt die Kosten, ob er genug habe, um es auszuführen, damit nicht, wenn er den Grund gelegt hat und kann's nicht ausführen, alle, die es sehen, anfangen, über ihn zu spotten, und sagen: Dieser Mensch hat angefangen zu bauen und kann's nicht ausführen?" (Lukas 14,28-30)

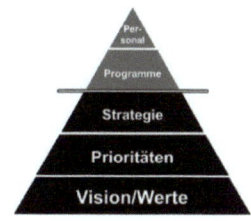

Menschen werden sich demnach weder für Prioritäten und Strategie noch für Programme und Personal interessieren, solange nicht klar ist, warum und auf welche Weise sie als Gemeinde vor Ort „unterwegs" sind.

Warum dennoch viele Gemeinden auf Programme setzen liegt vermutlich daran, dass sie davon ausgehen, dass sie dadurch wenigstens ein wenig vorankommen, auch wenn sie nicht wissen, wo es hingehen soll. Das ist jedoch ein fataler Trugschluss, wenn nicht gar purer Aktionismus.

Vision und Werte gehören zu den Grundbedürfnissen gesunder Gemeindearbeit. Und deshalb kann die Leitung einer christlichen Gemeinde nur dann im besten Sinne erfolgreich sein, wenn sie auf der Basis einer Gemeinde-Vision steht, und mit Werten agiert, die in sich stimmig und verlässlich sind, und die jeden Menschen achten und respektieren, der sich darin einordnet.

Fundament

Das Fundament dazu bildet - wie generell in der Leitung einer christlichen Gemeinde - das Wort Gottes als Richtschnur und Korrektiv gemeindlicher Leitungsarbeit:

> *„Weidet die Herde Gottes, die euch anbefohlen ist; achtet auf sie, nicht gezwungen, sondern freiwillig, wie es Gott gefällt; nicht um schändlichen Gewinns willen, sondern von Herzensgrund; nicht als Herren über die Gemeinde, sondern als Vorbilder der Herde."* (1. Petrus 5,2-3)

Wollten wir diese Worte in eine Grundregel fassen, für Menschen in einer Leitungsfunktion, könnte sich dies etwa so anhören: „Wer sich selbst nicht führen kann, sollte auch andere nicht führen". Schauen wir uns an, was Jesus Christus zum Thema „Führen mit Werten" zu sagen hatte:

> *„Ihr wisst, dass die Herrscher ihre Völker niederhalten und die Mächtigen ihnen Gewalt antun. So soll es nicht sein unter euch; sondern wer unter euch groß sein will, der sei euer Diener; und wer unter euch der Erste sein will, der sei euer Knecht, so wie der Menschensohn nicht gekommen ist, dass er sich dienen lasse, sondern dass er diene und gebe sein Leben zu einer Erlösung für viele."*
>
> *(Matthäus 20,25-28)*

Auf der Basis dieser Worte entstand das in den siebziger Jahren in Kalifornien entstandene Führungskonzept „Dienende Leiterschaft". Als Jesus einmal gefragt wurde, wie wir Menschen mit den wichtigsten Werten richtig umgehen sollten, antwortete er:

> *„Wer mir folgen will, der verleugne sich selbst und nehme sein Kreuz auf sich täglich und folge mir nach. Denn wer sein Leben erhalten will, der wird es verlieren; wer aber sein Leben verliert um meinetwillen, der wird's erhalten."*
>
> *(Lukas 9,23-24)*

Mit Werten führen bedeutet demnach, nicht zuerst auf sich selbst zu achten, sondern auf Jesus zu schauen, und dadurch anderen Menschen Wert zu geben. Dies kann man allerdings nur dann, wenn man auch für sich selbst bestimmte Werte hat.

Dabei ist die Leitung einer Gemeinde auf der Basis von gemeinsamen Werten gar nicht neu. Das war schon für die ersten Apostel, zu Zeiten des Neuen Testaments (NT), eine wichtige Grundlage. Für mich ein Grund, auf keinen Fall darauf zu verzichten.

Deshalb im Folgenden eine Art Wertekatalog aus dem NT, über dessen Inhalte ein Leitungsteam diskutieren kann. Am Ende einer solchen Diskussion entsteht im besten Falle ein Wertekonsens, den alle Leiter der Gemeinde teilen, und der als Grundlage dafür dient, auf welche Art und Weise Menschen in der Gemeinde Wert gegeben werden kann:

- Wir versuchen nicht, uns selbst groß zu machen, sondern andere zu wahrer Größe zu führen (vgl. Matthäus 23,8-12).

- Wir pflegen einen offenen und ehrlichen Umgang miteinander, und verhalten uns loyal gegenüber dem, was wir gemeinsam erarbeitet haben (vgl. 1. Korinther 1,10).

- Wir respektieren und achten Menschen als Geschöpfe Gottes und begegnen ihnen in Liebe und Verständnis (vgl. Johannes 13,34-35).

- Wir streben danach, eine gemeindliche Umgebung zu schaffen, in der Themen offen angesprochen werden können, und gehen mögliche Konflikte oder Meinungsverschiedenheiten proaktiv an (vgl. Römer 12,18; Titus 3,2).

- Wir suchen nicht die Anerkennung von Menschen, sondern deren geistliches Wachstum (vgl. Epheser 4,11-14).

- Wir dienen anderen, indem wir sie darin unterstützen, ihr Bestes zu geben (vgl. 1. Petrus 4,10).

- Wir suchen den Willen Gottes und setzen ihn in seiner Kraft in die Tat um, auch wenn wir dafür kritisiert werden sollten (vgl. Apostelgeschichte 5,29).

- Wir streben danach, in all unserem Tun und Lassen, Gott die Ehre zu geben und seinen Namen groß zu machen (vgl. Kolosser 3,17).

- Wir halten uns an Regeln und Gesetze des Staates, und sind verlässliche Partner in allen Absprachen und vertraglichen Vereinbarungen (vgl. Römer 13,1-3).

- Als Leiter räumen wir einander das Recht ein, in gutem Sinne voneinander Rechenschaft zu fordern, um jedem möglichen Schaden durch die Gemeindearbeit vorzubeugen (vgl. Hebräer 10,24-25).

Voraussetzungen

Zu Vision und Werten von Leiterschaft gehört auch, dass es Voraussetzungen geben muss, um für eine Aufgabe in der Leitung einer Gemeinde berufen werden zu können.

Auch zu diesem Thema äußert sich die Bibel, vor allem der Apostel Paulus in seinen apostolischen Briefen an seine Mitarbeiter Timotheus (vgl. 1. Timotheus 3) und Titus (vgl. Titus 2).

Wir würden jedoch einen Fehler machen, wenn wir diese Schriftstellen ausschließlich als Anforderungslisten für Pastoren, Leiter oder Älteste betrachten würden, als gäbe es eine Messlatte, die manche Menschen überspringen müssen, um eine leitende Funktion in der Gemeinde wahrnehmen zu dürfen.

Wenn wir diesen Listen wörtlich folgen würden, könnte z.B. keiner der verheiratet und kinderlos ist, als Leiter in der Gemeinde dienen. Und selbst diejenigen, die Kinder hätten, müssten sie so erzogen haben, dass sie Nachfolger Jesu sind. „Wenn eines Ihrer Kinder eine Zeitlang zweifelt, unabhängig wie lange, sind Sie plötzlich nicht mehr qualifiziert, ein Leiter zu sein. Wenn das Kind jedoch seinen Glauben wiederfindet, sind Sie plötzlich wieder qualifiziert."[7]

So können wir also nicht sinnvoll mit diesen Bibelworten umgehen. Deshalb mein Vorschlag, diese Listen nicht als Checklisten für die Qualifikationen von Leitern zu sehen, sondern als Ideale, denen wir nacheifern. Denn, wenn wir uns diese Listen genau betrachten, geht es darin vor allem um die Bildung eines guten Charakters, um den sich nicht nur die Leiter einer Gemeinde bemühen sollten (vgl. Galater 5,22-23).

Neue Gemeinde Kreta - Titus 1,5-9 „In Amt einsetzen"	Reife Gemeinde Ephesus - 1. Timotheus 3,1-7 „Amt begehren"
Untadelig	Untadelig
Mann einer Frau (sofern verheiratet)	Mann einer Frau (sofern verheiratet)
Nicht eigensinnig	Würdig
Nicht jähzornig (aufbrausend)	Nicht gewalttätig
Kein Säufer (nicht trunksüchtig)	Kein Säufer (nicht trunksüchtig)
Nicht streitsüchtig	Nicht streitsüchtig
Nicht habsüchtig	Nicht geldgierig
Gastfreundlich	Gastfreundlich
Gütig	Gütig
Besonnen	Nüchtern

---

[7] Cole, Neil: Organisch Leiten, S. 279-280.

Neue Gemeinde Kreta - Titus 1,5-9 „In Amt einsetzen"	Reife Gemeinde Ephesus - 1. Timotheus 3,1-7 „Amt begehren"
Gerecht	Einen guten Ruf haben
Fromm (gottesfürchtig)	Kein Neubekehrter (vorbeugend gegen Stolz)
Enthaltsam	Maßvoll
Halten fest am Wort	Fähig, das Wort zu lehren
Gläubige Kinder, die nicht im Ruf stehen, liederlich oder ungehorsam zu sein (sofern verheiratet)	Dem eigenen Haus gut vorstehen - gehorsame Kinder in aller Ehrbarkeit (sofern verheiratet)
Guter Haushalter Gottes	

Neben diesen biblischen Idealen zur Charakterbildung, die wir im Timotheus- und Titus-Brief finden, gibt es noch weitere Punkte, die ich für bedenkenswert halte, wenn es um die Berufung von Leitern für die Leitung der Gemeinde geht:

- Wissen um die Berufung für diese Aufgabe (vgl. 1. Timotheus 1,18)

- Bereitschaft, Verantwortung zu übernehmen (vgl. 1. Timotheus 4,16)

- Charisma der Leitung, von anderen Christen bestätigt (vgl. Römer 12,8; 1. Korinther 12,28)

- Leidenschaft für die Aufgabe (vgl. 1. Petrus 5,2-3)

- Bereitschaft an sich zu arbeiten, zu lernen, zu wachsen und sich zu verbessern (vgl. Kolosser 3,1-16)

- Bereitschaft, sich ein- und unterzuordnen (vgl. 1. Petrus 5,5-6)

Ich empfehle sehr, über alle diese biblischen Denkanstöße, in Bezug auf ihre praktische Anwendung in der Gemeinde- und Leitungsarbeit zu diskutieren. Dies kann z.B. vor dem Hintergrund der Worte geschehen, die der Apostel Paulus an seinen Mitarbeiter Timotheus gerichtet hat:

*Und was du von mir gehört hast vor vielen Zeugen, das befiehl **treuen** Menschen an, die tüchtig sind, auch andere zu lehren." (2. Timotheus 2,2)*

23

Eine Leitungsaufgabe soll vor allem an „treue" Menschen übertragen werden, die bereit sind charakterlich zu reifen und sich von ganzem Herzen für die Aufgabe einzusetzen, zu der sie berufen sind.

Begabungen und Fähigkeiten sind zwar sehr wichtig, aber sie werden nicht ausreichen, eine Gemeinde zu leiten, wenn sie nicht auf dem Fundament eines guten Charakters und der Treue im Dienst stehen.

Am Ende allen Nachdenkens und aller Diskussion über diese Thematik sollte ein Konsens darüber entstehen, welche Voraussetzungen im Kontext der örtlichen Gemeindearbeit für wichtig erachtet werden, um begabte Nachfolger Jesu in eine Leitungsaufgabe in der Gemeinde berufen zu können.

Leiten in der Praxis

Wie alles im Leben, so ist auch die Sache mit Vision und Werten, als Fundament einer Gemeindearbeit, ein Prozess. Es ist ein Prozess, der letzten Endes über festgelegte Prioritäten in eine Strategie münden sollte, aus der Programme entstehen können, die es einer Gemeinde ermöglichen, seriös und nachhaltig zu arbeiten.

Dabei geht es um nicht weniger als um ein Vermächtnis an kommende Generationen. Deshalb stellen wir uns zunächst einmal Fragen, die man sich bei allen strategischen Überlegungen stellen sollte:

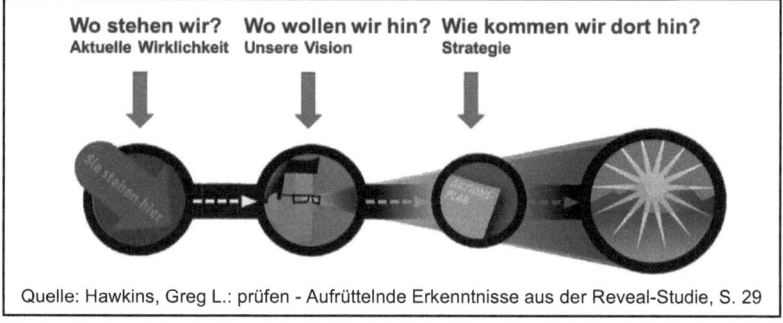

Quelle: Hawkins, Greg L.: prüfen - Aufrüttelnde Erkenntnisse aus der Reveal-Studie, S. 29

1. Wo stehen wir?
   Dabei geht es immer um die Analyse bisheriger Gemeindearbeit, in Bezug auf Ihre aktuelle Problemstellung, bzw. die Fragen zwei und drei, wenn Sie den Prozess zum ersten Mal beginnen.

2. Wo wollen wir hin?
   Das ist die Frage nach Auftrag und Vision Ihrer Gemeinde, die sich bei allen strategischen und strukturellen Überlegungen stellen muss. Eine Gemeinde-Vision zu erarbeiten macht jedoch nur Sinn, wenn sich alle Bereiche gemeindlicher Arbeit auch daran orientieren, bzw. die Inhalte und Ziele ihrer Arbeit darauf ausrichten.

3. Wie kommen wir dort hin?
   Diese Frage stellt sich vor dem Hintergrund der Antworten aus der Frage, „Wo stehen wir?", und im Blick auf die Frage, „Wo wollen wir

hin?" Es ist auch eine Frage, deren Antworten auf der Basis von Werten und Themen gegeben werden müssen, die einer Gemeinde und deren Leitern wichtig sind.

Die erste Frage ist für jede Problem-, bzw. Fragestellung individuell zu klären, und kann deshalb auch nicht pauschal beantwortet werden. Sie darf jedoch in keinem Fall einfach übergangen werden.

Bevor Sie die Zukunft Ihrer Gemeinde in Angriff nehmen, oder sich einer aktuellen Problemstellung im Rahmen der dritten Frage stellen, müssen Sie zunächst einen Schritt zurücktreten und der Wahrheit ins Gesicht blicken, was in Ihrer Gemeinde gerade vor sich geht. Dabei müssen Sie sich einige Fragen stellen, die eine möglichst ehrliche Antwort erfordern. Solche Fragen können zum Beispiel sein:

- Welche Geschichte erzählt unsere Gemeinde?
- Welche Aufgabenbereiche und entsprechende Teams haben wir in der Gemeinde?
- Welche Aufgabenbereiche ohne Teams haben wir in der Gemeinde?
- Wer ist in der Gemeinde für was zuständig und verantwortlich?
- Welche Aufgaben haben wir als Leiter der Gemeinde?
- Welche Werte leiten uns als Leiter der Gemeinde?
- Welche Verantwortungs- und Leitungsstruktur haben wir in unserer Gemeinde?
- In welchem Maß werden wir unserem Auftrag gerecht?
- Warum kommen Menschen in die Gemeinde?
- Warum verlassen Menschen die Gemeinde?
- Was ist unsere eindeutige Zuständigkeit - die eine Sache, die wir am besten machen?
- Wie sehen unsere finanziellen und räumlichen Gegebenheiten aus?
- Welche dringenden Bedürfnisse gibt es an unserem Ort und/oder der angrenzenden Region?

Sicherlich ist nicht jede dieser Fragen für jegliche Problemstellung in der Gemeinde geeignet. Dennoch geben sie eine grobe Richtung vor.

Es geht bei der Beantwortung dieser ersten Frage einfach darum, die aktuelle Wirklichkeit der eigenen Gemeinde zu definieren und sich dieser auch zu stellen, um nicht bloßen Aktionismus zu zelebrieren, wenn es um die Beantwortung der dritten Frage geht. Falls Sie sich gerade mit der Frage: „Wo stehen wir?" beschäftigen, empfehle ich Ihnen als Hilfe mein Buch „Leiterschaft ist ... wenn der Leiter schaf(f)t)".

Und weil ich gerade dabei bin, empfehle ich Ihnen für die Bearbeitung **der zweiten Frage**, nach Auftrag und Vision der Gemeinde, mein Buch: „Die Vision als Fixstern der Veränderung". Bevor Auftrag und Vision der Gemeinde nicht klar sind, sollten Sie nicht weiter gehen. Denn, auch wenn Sie wissen, wo Sie gerade stehen, weil Sie die erste Frage beantwortet haben, gilt: „Wer den Hafen nicht kennt, in den er segeln will, für den ist kein Wind der richtige"[8].

Zur Beantwortung **der dritten Frage** möchte ich die Pyramide zur Hilfe nehmen, die ich weiter oben bereits beschrieben habe. Ergänzend dazu habe ich in der folgenden Tabelle den Abschnitten oder Stufen der Pyramide einzelne Themenbereiche zugeordnet, die es meines Erachtens zu bedenken gilt, wenn Ihre Gemeinde-Vision Ihre aktuelle Gemeinde-Arbeit konsequent durchdringen und verändern soll:

✓ Leiter gewinnen/entwickeln ✓ K5-Kompetenzmodell	Per-sonal
✓ Jüngerschaftsprogramm(e) ✓ Seelsorge, Befreiung und Heilung	Programme
✓ Geistlicher Lebensentwicklungsprozess	Strategie
✓ Leitungsstruktur ✓ Gemeindestruktur (GNADE)	Prioritäten
✓ Gemeinde-Vision / Werte ✓ Satzung ✓ Gemeinde-Ordnung	Vision/Werte

---

[8] Diese Zitat wird dem römischen Philosophen, Dramatiker, Naturforscher und Staatsmann, Lucius Annaeus Seneca (4 v.Chr.-65 n.Chr.) zugeschrieben.

Wie Sie im Folgenden sehen werden, beinhalten diese Themenbereiche keine fertigen Programme, sondern es sind Prinzipien oder strategische Überlegungen, die erst noch auf Ihre Gemeinde zugeschnitten werden müssen. Das heißt, Sie haben noch etwas Arbeit vor sich ☺

Vision / Werte

➲ Gemeinde-Vision

Wenn ich von „Vision" spreche, geht es mir um ein „führendes Bild", dem möglichst viele Menschen folgen, eine Vorstellung davon, wie der Auftrag der Gemeinde in der Zukunft aussehen könnte oder eine Beschreibung einer Situation, die Menschen dazu motivieren soll, ihr zur Realität zu verhelfen.

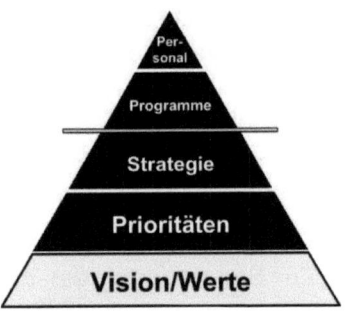

Dabei gehe ich davon aus, dass im Kontext einer christlichen Gemeinde eine Vision immer mit Gott zusammen erarbeitet wird, und von IHM ihre Autorität erhalten muss. Sie muss sich am Wort Gottes messen lassen und kann daher nur in Gemeinschaft mit Gott und Menschen entstehen, flankiert von viel Gebet.

Dazu kann für den Visions- und Veränderungsprozess z.B. ein Gebetsteam ins Leben gerufen werden, das immer mit aktuellen Informationen versorgt wird, um diese vor Gott zu bringen und zu hören, was ER dazu zu sagen hat. Die Ergebnisse aus den Gebetsversammlungen können dann wiederum den Verantwortlichen für den Visions- und Veränderungsprozess mitgeteilt werden, um konkret in den Prozess einbezogen zu werden. Jesus hat gesagt: *„Ohne mich könnt ihr nichts tun!"* (Johannes 15,5), und deshalb sollten Sie auch davon ausgehen, dass Sie IHN für jeden Ihrer Schritte brauchen werden!

Meine persönliche (allgemeine) Vision für die Arbeit einer christlichen Gemeinde lautet[9]: Ich träume von Gemeinde Jesu ...

... als einen Ort, an dem Menschen Liebe, Hoffnung, Vergebung, Heilung, Befreiung, Leitung und Ermutigung finden können.

---

[9] Inspiriert durch das Buch von Rick Warren: Kirche mit Vision, 1999, S. 45.

... die das einzigartige Evangelium des Herrn Jesus Christus mit möglichst vielen Menschen um sie herum teilen möchte, um „Nationen zu Jüngern" zu machen (vgl. Matthäus 28,18-20).

... als Gemeinschaft von Menschen, die ihren Glauben leidenschaftlich, authentisch und ungezwungen leben, weil sie einander nichts vormachen und bestrebt sind, einander zu lieben und in geistlichem Wachstum zu fördern.

... die von denen geleitet wird, die die geistliche Gabe der Leitung haben und die bereit sind, anderen zu dienen, strategisch und zielorientiert zu arbeiten und andere zu bevollmächtigen.

... in der Apostel, Propheten, Lehrer, Evangelisten und Hirten zusammenarbeiten, um Gottes einzigartigen Plan zur Ausbreitung des Reiches Gottes in dieser Welt zu verwirklichen.

... die kulturell und gesellschaftlich relevant ist, ohne dabei ihre Identität und Lehre zu verleugnen, und die in der Lage ist, das Evangelium in ansprechender und verständlicher Weise weiter zu geben.

... die Menschen auf dem Weg ihrer geistlichen Entwicklung beisteht, indem sie ihnen verbindliche Zugehörigkeit, biblische Lehre und ganzheitliche Kleingruppenarbeit ermöglicht.

... in der alle Mitglieder der Gemeinde für einen Dienst zur Erweiterung des Reiches Gottes ausgerüstet werden, indem ihnen geholfen wird, ihre Neigungen, ihre geistlichen Gaben und ihren Persönlichkeitsstil zu entdecken, um den Platz in Gottes Reich zu finden, den Gott ihnen zugedacht hat.

... in der es nicht um Perfektion geht, in der aber jeder seinen Gaben gemäß sein Bestes gibt, weil Dienst am Reich Gottes nur den allerbesten persönlichen Einsatz verdient.

... die für all ihre Aufgaben immer geeignete Räumlichkeiten zur Verfügung hat, in denen sie Menschen in allen möglichen und nötigen Belangen dienen kann.

Dieses Bild, bzw. diese Vorstellung von Gemeinde wäre als formulierte „Vision" für eine Gemeinde natürlich viel zu lang. Eine Gemeinde-Vision muss in ein oder zwei Sätzen zum Ausdruck bringen, was Gott mit einer Gemeinde zum Ziel hat.

Für die Gemeinde, in der ich aktuell verantwortlich tätig bin, wurde diese Vision folgendermaßen formuliert:

> *Wir wollen allen Menschen eine persönliche*
> *Beziehung zu Jesus Christus näher bringen,*
> *und eine geistliche Heimat bieten.*

Die Vision vermitteln

Eine Vision kann allerdings „erst vollständig ihre Kraft entfalten, wenn alle betroffenen Personen sie nicht nur kennen, sondern auch verstehen, welche Bedeutung sie für"[10] die Zukunft der eigenen Gemeinde hat. Das heißt, Sie müssen „die Vision Ihren Mitarbeitern vermitteln, und zwar so, dass sie im besten Fall zu einer Kraft in deren Herzen wird"[11]. Wobei „vermitteln" an dieser Stelle vielleicht kein so guter Ausdruck ist, denn er suggeriert eine recht einseitige Kommunikation. „In Wirklichkeit sollten wir einen Dialog über die gemeinsame Vision in Gang setzen. Wir sollten auch auf die Visionen unserer Mitarbeiter hören und sie in das, was wir vorher entwickelt haben, integrieren."[12]

Dazu kann in einem ersten Schritt, nach Erarbeitung der Vision durch das Visions- oder Leitungsteam, eine Zusammenkunft der Gemeinde anberaumt werden. Alle Mitglieder, Besucher und Interessierte an der Zukunft der Gemeinde sind dazu eingeladen, in einer zwei bis dreistündigen Veranstaltung, gemeinsam Gott zu loben und anzubeten, zu beten und über der Vision zu beraten und sie zu diskutieren. Folgendes Programm wäre möglich:

- Begrüßung
- Andacht (5-10 Min.)
- Lob- und Anbetungszeit (30-45 Min.)
- Vorstellung der Vision (10-15 Min.)
- Gebet in kleinen Gruppen (5-10 Min.)
- Diskussion in kleinen Gruppen zur Vision (15 Min.)
- Vorstellung der Ergebnisse durch „Sprecher" der Grp. (10-30 Min.)
  Die Ergebnisse der Gruppengespräche sollen schriftlich festgehalten werden, damit sie im Anschluss im Visions- oder Leitungsteam weiter diskutiert werden können.

---

[10]   Stolzenberg, Kerstin: Change Management, S. 35.

[11]   zur Bonsen, Matthias: Führen mit Visionen, S. 98.

[12]   Ebd.

- Möglichkeit zu Voten einzelner Personen (10 Min.)
- Möglichkeit zu (anonymem) schriftlichem Votum einzelner (10 Min.)
  Dazu werden Zettel ausgeteilt, auf denen die eigene Meinung zur Vision wiedergegeben werden kann. Auch diese werden im Anschluss eingesammelt und können im Visions- oder Leitungsteam weiter diskutiert werden.
- Dank - Verabschiedung - Segenswort

Die Ergebnisse des Abends werden vom Visions- oder Leitungsteam der Gemeinde in den folgenden Sitzungen besprochen, diskutiert und in die bestehende Vision eingearbeitet. Vermutlich wird dadurch eine etwas abgewandelte, neue Vision entstehen, was aber kein Problem darstellt. Doch auch diese sollte einen möglichst breiten Konsens in der Gemeinde haben. Deshalb halte ich es für angebracht, die abschließende Vision in einer Mitgliederversammlung der Gemeinde (so sie vereinsrechtlich organisiert ist) oder in einer Versammlung von verantwortlichen Gliedern der Gemeinde vorzustellen, evtl. noch einmal zu diskutieren und möglichst einstimmig zu verabschieden.

Ich selbst habe dies in Gemeinden in ähnlicher Weise schon praktiziert und es hat sich als sehr hilfreich und motivierend herausgestellt, auch für alle anstehenden Veränderungen, die mit Erstellung einer solchen Vision einhergehen. Wer eine Vision hat, möchte diese auch umsetzen. Und das wird zwangsläufig Veränderungen nach sich ziehen!

Doch damit ist das Thema „Vision" längst nicht erledigt. Rick Warren erzählt in diesem Zusammenhang die Geschichte des biblischen Nehemia, der den Mauerbau in Jerusalem wieder in Angriff genommen hat (vgl. Nehemia 4). Der Bau der Mauer dauerte insgesamt nur 52 Tage und dennoch haben die Menschen auf dem halben Weg den Mut verloren. Sie arbeiteten also nur 26 Tage an dem Projekt und die Motivation war schon im Keller.

Warren spricht deshalb von dem „Nehemia-Prinzip" und schreibt dazu: „Die Vision und die Ziele müssen alle sechsundzwanzig Tage neu bestätigt werden, um die Gemeinde in der richtigen Richtung in Bewegung zu halten"[13]. Oder anders gesagt: Einmal im Monat muss die Vision in irgendeiner Form ein Thema sein, sonst geht sie in den Köpfen der Menschen verloren.

---

[13]   Warren, Rick: Kirche mit Vision, S. 108.

Das ist auch verständlich. Mancherorts wird den Menschen mangelndes Interesse vorgehalten, weil die Vision immer wieder aus ihrem Blick verschwindet. Aber fordert das Leben nicht schon genug Aufmerksamkeit von uns mit Familie, Terminen, Beruf, Problemen, Informationen über das globale, nationale und kommunale Geschehen, usw.? Darum haben Sie Erbarmen, mit sich selbst und anderen, und tragen Sie dem menschlichen Leben Rechnung, indem Sie es einfach zur Tradition in der Gemeinde erheben, mindestens einmal im Monat an Ihre von Gott geschenkte, gemeinsame Vision zu erinnern.

„Um eine Vision zu vermitteln, bedarf es keines besonderen Charismas oder sonst einer Eigenschaft, von der wir vielleicht annehmen, dass wir sie nicht haben. Es geht einfach darum, dass wir unsere Vision ehrlich beschreiben, dass wir von unseren Herzen sprechen."[14] Natürlich ist es kontraproduktiv, wenn Sie vor die Menschen treten und die Beschreibung Ihrer Vision herunter-langweilen. Die Menschen merken sehr wohl, wie ernst Ihnen die Sache ist, von der Sie reden. Wenn Sie selbst keine Energie ausstrahlen, werden sich die Menschen durch die Vision auch nicht anstecken lassen. Aber so muss es ja auch nicht sein. Am besten tragen immer die Menschen die Vision vor, die von ihr motiviert sind. Das allein kann schon sehr ansteckend wirken.

Um der Gemeinde die gemeinsame Vision zu kommunizieren, gibt es verschiedene Möglichkeiten[15]:

Die Bibel: Sie haben in der Erarbeitung der Vision auch die biblischen Kennzeichen von Gemeinde erforscht. Das heißt, Sie dürfen der Gemeinde ruhig immer wieder vor Augen malen, dass ihre Vision eine biblische Basis hat, indem Sie Bibelstellen vortragen und sie auf ihre Vision anwenden. Daneben empfinde ich es als sehr motivierend, wenn Sie über das biblische Bild von Gemeinde lehren und versuchen, die Leidenschaft nachzuempfinden, die das Leben der Gemeindegründer und -bauer des NT der Bibel angetrieben hat.

Symbole: „Große Leiterpersönlichkeiten haben es immer wieder verstanden, die unermessliche Kraft von Symbolen für sich zu nutzen!"[16]

---

[14]   zur Bonsen, Matthias: Führen mit Visionen, S. 99.

[15]   Vgl. Warren, Rick: Kirche mit Vision, S. 109ff.

[16]   A.a.O., S. 109.

Denken Sie nur an unsere nationale Geschichte, in der das Hakenkreuz im negativen Sinne eine große Rolle spielte, oder an die Geschichte der Christenheit, in der das Kreuz als Symbol eine überwiegend positive Rolle spielte. In dieser Weise könnte sich die Vision z.b. in einem Logo der Gemeinde widerspiegeln, oder es können Organigramme oder Bilder mit Symbolcharakter verwendet werden, um sowohl eine Identifikation mit der Vision herzustellen, als auch eine motivierende Kraft für sie zu erzielen.

Slogans: Prägnante oder witzige Worte oder Sätze können sich Menschen sehr gut merken, was für die Inhalte der Predigt vom vergangenen Sonntag leider nicht immer gilt. Denken Sie an Sätze wie z.b. „Was du säst, das wirst du ernten!" - „Ohne Fleiß, kein Preis!" - „Kein Garten ohne Gärtner!" - usw. Alles Aussagen, die kurz und prägnant sind und eine gute und wichtige Botschaft vermitteln. Warum sich nicht auch rund um die Vision solche Sätze ausdenken, die das zum Ausdruck bringen, was Sie als Gemeinde mit und durch Ihre Vision leben möchten?! Z.B.: „Kein Mensch ist uns piepe, denn wir leben Liebe!" oder „Mitarbeiter ehren und ihnen nicht immer nur wehren!" Es tut der Sache sicher gut, wenn Sie sich immer wieder Zeit nehmen, um gewohnte Dinge auf neue und frische Art zu kommunizieren.

Geschichten: Wenn Sie an die Bibel denken, ist sie voller Geschichten von Erfolg und Scheitern der Menschen, und erzählt die Botschaft Gottes von und für die Menschen. Dabei wird vor allem Gott geehrt, aber auch die Menschen (Abraham - Mose - David - etc.). Warum sollten Sie dann nicht auch Geschichten verwenden, wenn Sie die Vision veranschaulichen oder zur Mitarbeit daran ermutigen möchten? Und scheuen Sie sich nicht, dazu positive Geschichten von Menschen aus der Gemeinde zu erzählen. Das könnte diesen zwar im positiven Sinne ein wenig peinlich sein, aber vielleicht ermutigt es ja den einen oder anderen dazu, einmal Teil einer solchen Geschichte werden zu wollen. Diese persönliche Ebene hilft den Menschen auch dabei, zu erkennen, dass mit der Beteiligung an der Vision sowohl ein besonderes Vorrecht als auch eine Verantwortung für jeden einzelnen verbunden ist.

Einzelheiten: Wer sich bei der Kommunikation der Vision nur auf Allgemeinplätzen bewegt, wird damit keine Katze hinter dem Ofen hervor locken. Menschen sprechen auf klare und konkrete Handlungsschritte an, die ihnen erklärt werden. Sie mögen es, wenn ihnen kommuniziert wird, welchen Plan die Leitung hat, mit dem sie beabsichtigt, die Vision umzusetzen. Wenn Dinge nicht konkret werden, motivieren sie nicht, sich daran zu beteiligen. „Je spezifischer die Vision der Gemeinde ist, desto mehr Aufmerksamkeit wird sie erreichen und Hingabe bewirken. Die spezifischste Art, die Aufträge zu kommunizieren, besteht darin, sie auf das persönliche Leben jedes einzelnen Mitglieds zu übertragen."[17]

Was auch immer Sie für Kommunikationswege wählen, es kommt immer „darauf an, dass die richtigen Informationen zur rechten Zeit bei den richtigen Leuten sind. Es kommt darauf an, dass die richtigen Leute zur rechten Zeit sich mit den richtigen Dingen auf die richtige Art und Weise beschäftigen"[18]. Wird dies beachtet, sollten die Mitglieder eine Gemeinde immer auf dem Laufenden sein und dauerhaft motiviert, die gemeinsame Vision Wirklichkeit werden zu lassen.

Alles in allem kann die Kommunikation, die Vermittlung und die Überprüfung der Vision nicht hoch genug eingeschätzt werden. An dieser Stelle sollte sich kein Visions- oder Leitungsteam Nachlässigkeiten erlauben. Lieber eine Information mehr unter die Leute bringen und eine Maßnahme oder ein Ziel einmal mehr überprüfen, als Stagnation oder Rückschritt zu riskieren, weil Menschen die Motivation verlieren, aufgrund zu wenig Information oder zu wenig Verständnis für die gesteckten Ziele.

➲ Werte

Werte sind, ganz einfach ausgedrückt das, was einem etwas wert ist. Werte drücken sich meist in abstrakten Begriffen aus wie z.B. Liebe, Klarheit, Freiheit, Selbständigkeit, Ehrlichkeit usw.

Werte spielen im Leben eines jeden Menschen eine wichtige Rolle, denn sie „sagen" ihm, was für ihn wichtig ist. Zwar gibt es Werte, die für fast alle Menschen wichtig sind, wie z.B. Liebe, aber zum einen versteht jeder bereits unter dem Wert „Liebe" etwas unterschiedliches, und zum anderen hat jeder Mensch seine ganz persönliche Wertehierarchie.

---

[17]   Warren, Rick: Kirche mit Vision, S. 111.
[18]   Noss, Michael: Aufbrechen - verändern - gestalten, S. 143.

Als Wertehierarchie wird die Tatsache bezeichnet, dass für einen Menschen nicht alle seiner persönlicher Werte gleich wichtig sind, sondern im Lebensvollzug ähnlich einer Hierarchie strukturiert sind. Somit gibt es im Leben eines jeden Menschen besonders wichtige und weniger wichtige Werte. Für besonders wichtige Werte sind Menschen im Extremfall sogar bereit, ihr Leben aufs Spiel zu setzen, wie es z.B. bei Helden zu allen Zeiten der Fall war.

Werte geben dem Leben eines Menschen Orientierung, Kraft und Sinn. Ein Mensch, der seine Werte nicht kennt, fühlt sich von daher oftmals orientierungslos und kraftlos, und mancher erlebt sein Leben sogar als sinnlos. „Seinem Leben Sinn zu geben ist das vielleicht Größte, zu dem ein Mensch in der Lage ist"[19].

Werte sind das, wofür Menschen bereit sind,

- Zeit
- Geld
- Anstrengung / Energie

zu investieren und im Extremfall sogar ihr Leben zu riskieren. Werte sind nicht das, was der Kopf sagt, dass das Herz fühlen sollte, sondern sind das, was das Herz fühlt, und der Kopf umsetzt. Dabei kann man zwischen mindestens zwei Werte-Kategorien unterscheiden:

- Kopfwerte
- Ist-Werte

Kopfwerte sind die Werte, von denen ein Mensch glaubt, dass sie ihm wichtig sind. Wenn ein Mensch beispielsweise sagt, dass ihm Gesundheit wichtig ist, und auf die Frage, was er denn tut, mit einem klaren „Ähmm..." antwortet, dann ist dieser Wert im Leben dieses Menschen ein Kopfwert. Das heißt, er wird nicht tatsächlich gelebt.

Ist-Werte sind die Werte, die einem Menschen tatsächlich bewusst sind, und die er auch lebt. Wenn jemand z.B. sehr viel Sport treibt, dann ist Sport für diesen Menschen ein Ist-Wert. Oder wenn sich ein Mensch in der diakonischen Arbeit sehr engagiert, dann ist die Hilfe am Nächsten für diesen Menschen ein Ist-Wert.

---

[19]   Viktor Frankl, der Entwickler der Logo-Therapie.

Warum sind Werte so wichtig?

- Werte geben den Menschen Orientierung, indem sie darauf hinweisen „was sein sollte", im Gegensatz zu Fakten, die meist das anzeigen, „was ist". Insofern liegen Werte auch in der absoluten Zukunft, da sie im Vergleich mit Zielen nie voll realisiert werden. Insofern haben sie eine Funktion als Ideal und Leitstern.

- Werte sind wichtig für die Motivation, denn wenn Menschen etwas wollen, so deshalb, weil es ihnen „etwas wert ist". Insofern sind Werte das, wofür Menschen Zeit, Geld, Anstrengung und damit auch persönliche Energie und Kraft investieren.

<u>Leiten mit Werten</u>

Aufgrund dieser Ausführungen sollten Sie auch in der Leitung einer christlichen Gemeinde nicht auf Werte verzichten. Zumal wir als christliche Leiter, von einem Leiter der ersten Stunde, mit den bereits im vorangegangenen Kapitel erwähnten Worten darauf hingewiesen werden:

> *„Weidet die Herde Gottes, die euch anbefohlen ist; achtet auf sie, nicht gezwungen, sondern freiwillig, wie es Gott gefällt; nicht um schändlichen Gewinns willen, sondern von Herzensgrund; nicht als Herren über die Gemeinde, sondern als Vorbilder der Herde." (1. Petrus 5,2-3)*

Vorbild sein, vorangehen, das sind wichtige Werte, vor allem in Bezug auf den Leiter-Nachwuchs. Doch, wie bereits im Kapitel „Leiten mit Vision und Werten" erwähnt, gibt es auch noch andere Werte, die in der Bibel zu finden sind, und denen es sich lohnt nachzueifern. Vielleicht lesen Sie diese einfach einmal nach, damit sie sich besser einprägen können, evtl. zu einem „Ist-Wert" werden und Sie in Ihrer Leitungsarbeit motivieren, weil „sie es wert sind".

➲ Satzung

„Die Satzung ist im deutschen Privatrecht die durch Rechtsgeschäft begründete Verfassung (Grundordnung) einer juristischen Person des Privatrechts, insbesondere von Vereinen, Stiftungen und Aktiengesellschaften mit Wirksamkeit für die ihr angehörenden oder unterworfenen Personen.

Sie beruht zumeist auf einem Vertrag der Gründer der juristischen Person und kann durch nachträglichen Beschluss geändert werden [...] Die Satzung einer privatrechtlichen Vereinigung ist Ausdruck der Privatautonomie. Sie hat trotz gesetzlicher Vorgaben an den Inhalt nicht den Charakter einer staatlichen Rechtsnorm. In der Normenhierarchie rangiert sie unterhalb der staatlichen Rechtsnormen."[20]

Falls Ihre Gemeinde ein eigener Verein ist, sollte Ihre Satzung diese generellen Vorgaben erfüllen. Für den praktischen Vollzug der Gemeindearbeit sollte sie jedoch so abgefasst werden, dass sie die operative Arbeit unterstützt bzw. vereinfacht. Ist dies nicht der Fall, muss die Satzung schnellstmöglich überarbeitet werden. Details des operativen Geschäftes, bzw. des Gemeindelebens können, außerhalb der Satzung, in einer Geschäftsordnung (Gemeinde-Ordnung) geregelt werden.

Falls Ihre Gemeinde zu einem Verein bzw. einer Körperschaft gehört, sollten Sie sich auf jedem Fall mit der für Ihre Gemeinde geltenden Satzung bzw. Grundordnung befassen, damit diese in guter Weise in Ihre Gemeinde-Ordnung einfließen kann.

⊃ Gemeinde-Ordnung

Für das, was mit Gemeinde-Ordnung gemeint ist, werden in der Literatur sehr unterschiedliche Begriffe gebraucht, wie z.B. Organisation, Struktur, Recht, Ordnung, etc.

Seltsamerweise habe ich bisher noch keine Definition gefunden für das, was unter Gemeinde-Ordnung verstanden werden kann. Deshalb formuliere ich in zwei kurzen Sätzen das, was ich unter dem Begriff „Gemeinde-Ordnung" verstehe:

„Eine Gemeinde-Ordnung besteht aus verschiedenen, für Gemeindeglieder verbindlichen, Anweisungen. Diese sollen ihnen dabei helfen, verschiedene Situationen der Gemeindearbeit zu meistern, und dabei ihrer göttlichen Berufung gerecht zu werden."

Dass dies keine menschliche Idee ist, wird auch dadurch deutlich, dass Gott in der Bibel an verschiedenen Stellen als ein „Gott des Frie-

---

[20] Quelle: https://de.wikipedia.org/wiki/Satzung_(Privatrecht) - 28.5.2020.

dens" (vgl. 1. Korinther 14,33) beschrieben wird, der Ordnung(en) liebt. Hier einige Beispiele, bei denen es um göttliche Ordnung geht:

- Ordnung der Schöpfung (1. Mose 1 und 2; Psalm 104,24; 148,6)
- Ordnung des Tempelgottesdienstes (1. Chronik 6,17; 9; 27; 28)
- Ordnung der Festtage (2. Mose 12,14; 3. Mose 23,31)
- Ordnung der Stämme (4. Mose 2)
- Ordnung des Kriegsvolkes (2. Samuel 18,1; 2. Chronik 25,5)
- Ordnung beim Bau der Stadtmauer Jerusalems (Nehemia 3)
- Ordnung des Staates (Römer 13,5-6; 1. Petrus 2,13)

Diese Ordnungen sollen das Leben regeln und bewahren. Sie bieten dann aber auch Orientierung, sollen vor dem Bösen bewahren und helfen, das jeweilige Ziel zu erreichen. Und genau das gilt auch in Bezug auf Gemeindeordnungen.[21]

Im Verständnis des NT entsprechen einander Ordnung und Friede. Sie stehen im Gegensatz zu Unordnung und Unfrieden.[22]

Eduard Schweizer schlussfolgert in seinem Buch zum Thema Gemeinde: „Die Gemeinde, die in einer schlechten Ordnung lebt, hört zwar nicht auf, Gemeinde zu sein, aber ihr Dienst wird gehemmt"[23].

Denn wo es keine Ordnung gibt, herrscht Unfriede. Deshalb soll es in der Gemeinde „ehrbar und ordentlich zugehen" (vgl. 1. Korinther 14,40).

Der Völkerapostel und Gemeindegründer Paulus schrieb dazu an die Gemeinde in Kolossä: *„Ich freue mich, wenn ich eure Ordnungen und euren festen Glauben an Christus sehe"* (Kolosser 2,5).

---

[21] Eickhoff, Klaus: Gemeinde entwickeln, für die Volkskirche der Zukunft, S. 303ff.

[22] Rienecker, Fritz: Bibellexikon, S. 1026. „Ordnung ist das Walten, das den Frieden schafft und ihn zu bewahren vermag. Wo Ordnung das Handeln bestimmt, kommt jedes Ding »in Ordnung«."

[23] Schweizer, Eduard: Gemeinde und Gemeindeordnung im Neuen Testament, S. 8.

Zwei Gesichtspunkte erscheinen hier von Bedeutung zu sein:

(1) Paulus wertet die Ordnungen[24] der Gemeinde positiv. Sie haben für ihn eine dienende Funktion im Gemeindebau.[25] George W. Peters sagt dazu: Es gibt „keinen Organismus ohne Organisation. Struktur ist ein neutestamentliches Prinzip, ohne das es keine neutestamentliche Gemeinde gibt"[26].

(2) Paulus sieht Ordnung und Glaube nicht als Gegensatz. Für ihn sind beides Lebensäußerungen, an denen das Wirken des Heiligen Geistes zu erkennen ist. Sie schließen sich nicht aus, sondern, recht verstanden, bedingen sie einander.

Der Versuch von Altlandesbischof Theo Sorg, in den verschiedenen Formen der Gemeinde des NT gemeinsame Grundzüge zu finden, scheint mir ein wichtiger Ansatz für eine Erarbeitung des Themas. Theo Sorg schlussfolgert nach seinen Untersuchungen:

„Die Gemeinde ist als Lebens-, Zeugnis- und Dienstgemeinschaft einig in dem zentralen Anliegen, das Wort von Jesus Christus und von dem, was er für uns getan hat, bekanntzumachen. Die Verkündigung des Evangeliums, das Ausrufen der Herrschaft Gottes, die Einladung zur Umkehr und zum Glauben ist in allen neutestamentlichen Traditionen konstitutiv für die Christengemeinde."[27]

Es geht also darum, die entscheidenden und elementaren Grundlagen zu erkennen, die für alle Formen von Gemeinde und zu allen Zeiten grundlegend und deshalb normativ sind.[28]

Für die Notwendigkeit einer Gemeinde-Ordnung sprechen auch die ganz normalen, sozialen Gegebenheiten menschlichen Lebens. Schon wenn sich „zwei oder drei im Namen Jesu" versammeln wollen, brau-

---

[24] Barclay, William: Auslegung zum Kolosser-Brief, S. 148. „Für Ordnung gebraucht er das griechische Wort taxis, das Reihe, eine geordnete Einheit bedeutet. Die Gemeinde soll wie ein wohlgeordnetes Heer sein, wohlgegliedert, wobei jeder den ihm zugewiesenen Platz einnimmt..."

[25] Bohren, Rudolf: Kirchenzucht, S. 47. „Äußere Organisation wird nie etwas Gleichgültiges sein. Sie gehört zum Organismus des Leibes."

[26] Peters, Georg W.: Gemeindewachstum - ein theologischer Grundriss, S. 185.

[27] Sorg, Theo: Kirche, S. 16f. Weitere verbindende Punkte sind lt. Sorg, neben dem Bewegt sein und Begabt sein durch den Heiligen Geist, die Einigkeit in Christus, im Zeugnis, im Dienst und im Warten auf den Herrn Jesus Christus.

[28] Schwarz, Fritz: Theologie, S. 26.

chen sie ein Minimum an Ordnungen. Sie müssen z.B. klären, wo, wann, warum, wozu und wie lange sie sich treffen wollen.

Wenn schon diese kleinste Zelle Ordnungen braucht, ist es im Grunde offensichtlich, dass eine Gemeinde, die viele Menschen und verschiedene Gruppen umfasst, nicht ohne verbindliche Regeln und Strukturen auskommt. Es muss beispielsweise geklärt werden:

- wer für einzelne Bereiche der Gemeinde verantwortlich sein soll,
- worin das gemeinsame Bekenntnis besteht,
- welche Inhalte auf welche Weise vertreten werden,
- welche Maßnahmen in bestimmten Fällen ergriffen werden können,
- oder wie Glaube in der Gemeinde gelebt werden kann, etc.

Wer Gemeindeaufbau zum Ziel hat, kommt nicht ohne Gemeinde-Ordnung aus.[29] Vom NT her ist es offensichtlich, dass die Gemeinde nie ohne eine Ordnung gelebt hat.[30]

Dabei muss beachtet werden, dass der Teufel als Durcheinanderwerfer (diabolos) der Feind aller Ordnung ist[31], weshalb immer zu prüfen ist, ob bestehende und sich entwickelnde Ordnungen dazu geeignet sind, biblischen Gemeindebau zu fördern.[32]

Wenn Gemeinde wirklich „Gemeinde Gottes" sein will, muss Gottes Wille, den er in seinem Wort offenbart hat, Maßstab für jede Gemeinde-Ordnung sein.[33] Das war mit ein Grund, warum in der Auseinandersetzung mit einer vom Nationalsozialismus verführten Kirche die Barmer Erklärung bezeugt hat, dass auch die Ordnungen und Dienste der Gemeinde allein vom Evangelium her zu gestalten sind:

---

[29] Beeching, M: Bibellexikon, S. 1103. „Aber nicht nur die gefallene Welt braucht die Ordnungen Gottes, sondern auch seine Gemeinde, weil sie in der Anfechtung durch das Böse steht. Ordnungen und Anordnungen zur Ausübung eines friedevollen Lebens in der Gemeinde durchziehen daher die Bibel."

[30] Schweizer, Eduard: Gemeinde und Gemeindeordnung im Neuen Testament, S. 176.

[31] Eickhoff, Klaus: Gemeinde entwickeln, für die Volkskirche der Zukunft, S. 283ff.

[32] Deutscher Gemeinschafts-Diakonieverband: Gemeindeaufbau, S. 15f. „Eine gesunde, biblische Gemeindestruktur ist für die Evangelisation so wichtig wie eine gesunde Familienatmosphäre, wenn ein Kind erwartet wird. Wachstum und Gedeihen hängen in hohem Maße davon ab [...]."

[33] Schweizer, Eduard: Leben, S. 64. „Nur aus dem vollen und ganzen Hören auf diese Evangeliumsbotschaft heraus darf also Ordnung in der Gemeinde gestaltet werden."

„Wir verwerfen die falsche Lehre, als dürfe die Kirche die Gestalt ihrer Botschaft und ihrer Ordnung ihrem Belieben oder dem Wechsel der jeweils herrschenden weltanschaulichen und politischen Überzeugung überlassen."[34]

„Wir verwerfen die falsche Lehre, als könne und dürfe sich die Kirche abseits von diesem Dienst besondere, mit Herrschaftsbefugnissen ausgestattete Führer geben oder geben lassen."[35]

Das bedeutet, dass der Inhalt jeder Gemeinde-Ordnung der Prüfung an der Heiligen Schrift standhalten muss.[36] Sie soll das Schwache schützen (vgl. Apostelgeschichte 6,1-7), geistliches Leben bewahren (vgl. die Pastoralbriefe)[37] und das Wachstum der Gemeinde fördern.[38] Eine Gemeinde-Ordnung soll mithelfen, dass die Gemeinde ihren Funktionen nachkommen kann.[39]

Deshalb muss eine Gemeinde-Ordnung die funktionalen und dynamischen Konzepte Gemeinschaft (koinonia), Zeugnis (matyria), Verkündigung (kerygma) und Dienst (diakonia) intensivieren. „Sie muss ihre Entfaltung, Durchführung und Weiterentwicklung fördern und beschleunigen."[40]

Dazu ist es nötig, dass sie

a) funktional (flexibel, anpassungsfähig und zweckdienlich),

b) minimal (nicht überfrachtet, überschaubar, verständlich),

c) und natürlich (zu den Menschen und Situationen passend), ist.[41]

---

[34] These 3, Verwerfung, in Steubing H: Bekenntnisse, S. 288.

[35] These 4, Verwerfung, in ebd.

[36] Schweizer, Eduard: Gemeinde und Gemeindeordnung im Neuen Testament, S. 7-13.

[37] Eine Gemeindeordnung muss dazu dienen, dass das Wort und der Geist Christi in der Gemeinde Raum haben.

[38] Egelkraut, Helmut: Vorlesungsskript.

[39] Schwarz, Fritz: Theologie, S. 171 f. „Es ist also gar nicht die Frage, ob man mehr oder weniger Organisation haben will. Recht und Organisation, die dem Ereignis- und Gestaltwerden von Ekklesia dienen, die dafür sorgen, dass die einzelnen Charismen auch wirklich zum Zuge kommen, kann es gar nicht genug geben."

[40] Peters, Georg W.: Evangelisation, S. 219f.

[41] Ebd., S. 220. Vgl. Chr. A. Schwarz: Praxis der Natürlichen Gemeindeentwicklung, S. 58. Methoden und Strukturen „sind niemals Selbstzweck, sondern Mittel zum Zweck. Struktur und Strategie haben nützlich/funktional zu sein."

Eine Gemeinde-Ordnung muss Dienerin der Liebe beim Aufbau der Gemeinde sein.[42] Und das bedeutet, dass eine Gemeinde-Ordnung alles andere als nebensächlich ist.[43] Sie ist zwar nie Garantie für das Wirken des Heiligen Geistes[44], kann aber dazu helfen, dass er nicht gedämpft wird (vgl. Epheser 4,30). Sie schafft kein Leben aus Gott[45], will es aber bewahren.

Dabei sollten Sie jedoch der Versuchung widerstehen durch die Gemeinde-Ordnung jede Kleinigkeit regeln zu wollen. Bitte nur das regeln, was unbedingt notwendig ist. Sie werden viel größeren Erfolg haben, wenn Sie die Menschen in Verantwortung stärken und bevollmächtigen, als wenn Ihr Regelwerk zu komplex und unübersichtlich wird.

Craig Groeschel[46] sagte einmal in einem seiner Leadership-Podcasts: Wachsende Gemeinden tendieren dazu, in ihren Strukturen und Ordnungen immer komplexer zu werden. Komplexität allerdings dämpft, bzw. verhindert Wachstum. Deshalb bitte an dieser Stelle rechtzeitig gegensteuern, bzw. manches gar nicht erst entstehen lassen.

Bevollmächtigende Leiter werden dafür sorgen, dass Ihre Gemeinde in allen Bereichen von einem liebevollen und respektvollen Miteinander geprägt ist, das von Dienstbereitschaft, gegenseitiger Achtung, Empathie und Weisheit durchdrungen ist. In solch einem Klima werden Sie feststellen, dass Sie auf manche Regelung getrost verzichten können.

---

[42] Schweizer, Eduard: Leben, S. 130.

[43] Riesner, Rainer: Apostolischer Gemeindebau, S. 12. „Weil beim Apostel die Lehre von der Kirche (Ekklesiologie) und die Christologie ganz eng zusammengehören, sollten wir vorsichtig sein, Gemeindestrukturen als bloße Randfragen zu behandeln. Durch seine Gemeinde will Jesus heute für die Welt sichtbar werden. Da Jesus aber nur einer ist, deshalb kann die Gemeinde nicht jede völlig beliebige Gestalt annehmen. Wir dürfen uns die Frage nicht ersparen, wo die Formen unseres Gemeindelebens das Bild Jesu verzerren oder gar unkenntlich machen."

[44] Schweizer, Eduard: Leben, S. 132. Vgl. Fritz Schwarz: Theologie, S. 170.

[45] Conzelmann, Hans: Geschichte des Urchristentums, S. 106. „Überliefert werden können Lehrsätze, Erklärungen des Glaubensinhaltes, nicht dieser selbst."

[46] Seniorpastor der Life-Church in Arkansas/Oklahoma/USA.

Prioritäten

⊃ Leitungsstruktur

„Und er (Jesus) hat einige als Apostel eingesetzt, einige als Propheten, einige als Evangelisten, einige als Hirten und Lehrer, damit die Heiligen zugerüstet werden zum Werk des Dienstes. Dadurch soll der Leib Christi erbaut werden, bis wir alle hingelangen zur Einheit des Glaubens und der Erkenntnis des

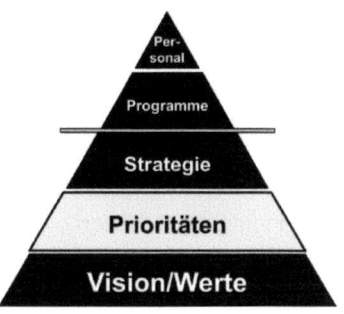

Sohnes Gottes, zum vollendeten Mann, zum vollen Maß der Fülle Christi, damit wir nicht mehr unmündig seien und uns von jedem Wind einer Lehre bewegen und umhertreiben lassen durch trügerisches Spiel der Menschen, mit dem sie uns arglistig verführen." (Epheser 4,11-14)

Hinter diesen Worten des Apostels Paulus verbirgt sich nicht nur ein wunderbares Prinzip, sondern auch ein Auftrag an alle, die in einer Gemeinde Verantwortung tragen möchten. Robert Logan hat einmal gesagt: „Wo immer wir mit Gemeinden zu tun haben, können wir Folgendes feststellen: Dort, wo ein Leiter seine Aufgabe primär darin sieht, die Arbeit selber zu tun, anstatt andere zum Dienst anzuleiten, ist das Wachstumspotential der Gemeinde äußerst begrenzt"[47].

Solange eine Gemeinde noch klein ist, ist das alles noch nicht schwierig. Die Arbeit ist für den Leiter noch überschaubar, und es ist kein Problem, eine Ein-Mann-Show aus der Gemeinde zu machen. Aber mit zunehmendem Wachstum an Gemeindegliedern oder Arbeits- und Verantwortungsbereichen, kommen Sie an Systemen und Strategien nicht mehr vorbei, die weiteres Wachstum der Gemeinde und der Christen in der Gemeinde ermöglichen.

Ich zitiere noch einmal Robert Logan: „In dem Maße [...] wie sich der Leiter darauf konzentriert, ehrenamtliche Mitarbeiter zum Dienst anzuleiten, steigt das Wachstumspotential, da nun die Ressourcen der ganzen Gemeinde für den Dienst freigesetzt werden. Konzentriert er sich darauf, Menschen zum Dienst zu befähigen, so wird er erleben, dass mehr

---

[47] Logan, Robert/George, Carl: Geheimnis der Gemeindeleitung, S. 10.

und mehr Christen in Leitungsaufgaben hineinwachsen. Ein »Schneeballeffekt« entsteht"[48].

Ich habe versucht, die Aussagen aus Epheser 4,11-14 mit Hilfe eines Dreiecks darzustellen. In der Struktur der ersten Gemeinden werden „einige" zu Leitern bestimmt, die für die Gemeinde verantwortlich sind. Diese sollen „die Heiligen zurüsten", damit das Werk Jesu getan werden kann - also viele davon sind Mitarbeiter. Das Ziel ist, dass „wir alle hingelangen" zur Reife in Jesus Christus. Im Grunde also ein Prozess zur Entwicklung geistlichen Lebens, aus Sicht der Leiter, die Jesus eingesetzt hat.

... Dadurch soll der Leib Chrisi erbaut werden ...
Alle zur Reife in Christus

... damit die Heiligen zugerüstet werden zum Werk des Dienstes ...
Viele als Mitarbeiter

... einige als Apostel
einige als Propheten ...
Einige als Leiter

In eine Struktur der Leitung einer Gemeinde umgesetzt, könnte es dann so aussehen, wie auf nebenstehendem Bild. Dabei wird die klassische Führungspyramide bewusst auf den Kopf gestellt, sodass sich, wie von Jesus gedacht (vgl. Matthäus 23,8-12), sowohl der Gemeindeleiter als auch die gesamte Gemeindeleitung am unteren Ende der Pyramide befinden.

Die Leitung der Gemeinde nimmt dadurch eine dienende Haltung ein, und fokussiert sich letzten Endes auf „die Menschen in der Umgebung" der örtlichen Gemeinde, auch wenn sie dabei die Gemeinde selbst nicht aus dem Blick verlieren darf.

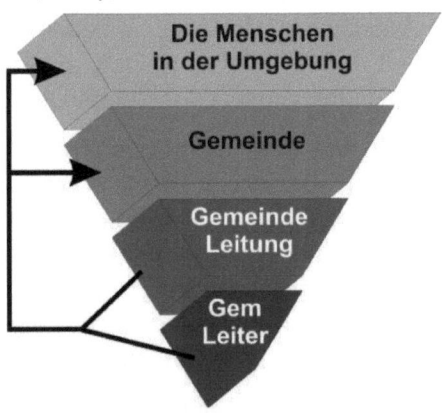

Die Menschen in der Umgebung

Gemeinde

Gemeinde Leitung

Gem Leiter

Und dies alles in einer Art und Weise der Leiterschaft, die von Fragen bestimmt ist, wie z.B.: Wie kann ich dir helfen? Wo kann ich dich unterstützen? Was kann ich tun, damit du dein von Gott gegebenes Potential entfalten kannst? Usw...

---

48 Logan, Robert/George, Carl: Geheimnis der Gemeindeleitung, S. 10.

Damit verbunden ist für mich das Bild des Adlers. Nicht nur, weil er sich in seiner majestätischen Art über den Rest der Welt in die Luft erheben kann, sondern weil er nicht so erdverbunden ist. Weil er den Überblick hat und auch mal etwas riskiert, wie z.B. einen Sturzflug, um Beute zu machen. Er ist ein königlicher Jäger.

Im positiven Sinne sollten Leiter dies auch sein: Immer die Augen offen halten für die Menschen in der Gemeinde. Und dabei auch den Überblick behalten, damit sie auch die Menschen nicht aus den Augen verlieren, die ohne eine Beziehung zu Jesus verloren gehen würden.

Diese Form der Leiterschaft spielt sich in der Praxis der Gemeindearbeit auf verschiedenen Ebenen ab. Führung von Menschen geschieht nicht nur im Rahmen der Gemeindeleitung, auch wenn es bei dieser Aufgabe am deutlichsten zu Tage tritt. Führung von Menschen findet sich auch noch in anderen Bereichen der Gemeinde. Ein Leitgedanke dazu könnte die Feststellung des Apostels Paulus sein, die er in seinem Brief an die Gemeinde in Korinth trifft. Dabei geht es explizit um das Thema Leiterschaft:

> *„Und Gott hat in der Gemeinde eingesetzt erstens Apostel, zweitens Propheten, drittens Lehrer, dann Wundertäter, dann Gaben, gesund zu machen, zu helfen, zu leiten und mancherlei Zungenrede."* (1. Korinther 12,28)

Luther hat das Wörtchen „zu leiten" als Verb übersetzt. In anderen Übersetzungen findet sich dieses Wort auch als Substantiv und im Plural. Es handelt sich demnach um „Leitungen". Nicht in der Art wie z.B. eine Wasserleitung, sondern es geht um verschiedene Arten von Leitung in der Gemeinde. Man spricht auch von verschiedenen Ebenen der Leiterschaft in einer Gemeinde. Damit haben Sie auch ein gutes Instrument an der Hand, mit dem angehende Leiter langsam aber sicher an größere Aufgaben herangeführt werden können.

Das kann beginnen, indem angehende Leiter auf der Ebene 1 einem Leiter eines Hauskreises (Zelle) oder einer Dienstgruppe (Lobpreis - Putzteam - Technik - etc) als Co-Leiter oder Leiter-Azubi zur Seite stehen. An dessen Seite können sie die Grundlagen von Leiterschaft kennenlernen und einüben, bevor sie durch Multiplikation der Zelle selbst die Leitungsaufgabe übernehmen.

Auf Ebene 2 wäre es möglich, weitere Erfahrungen zu sammeln, indem z.B. der Leiter einer Zelle oder Dienstgruppe einen Leiter-Azubi anleitet oder die Betreuung und Fortbildung von mehreren Zell-Leitern übernimmt.

Auf Ebene 3 befinden sich Leitungsaufgaben, die größere Bereiche der Gemeinde betreffen, wie z.B. Jugend-, Frauen-, Männer- oder Seniorenarbeit einer Gemeinde. Stellen sich bei einem Leiter auf der Ebene 3 besondere Befähigungen heraus, könnte er gleichzeitig die Begleitung anderer Bereichsleiter übernehmen.

Und schließlich geht es auf Ebene 4 darum, in der Leitung der Gemeinde direkt mitzuarbeiten. Dies kann als Gemeindeleiter, als Ältester oder als Bereichsleiter geschehen. Auf diese Ebene sollten nur erfahrene Personen berufen werden.

In dem folgenden Schaubild werden die Ebenen noch einmal zusammengefasst beschrieben:

	Ebene 1	Ebene 2	Ebene 3	Ebene 4
Aufgabe	Christen/ Gruppen leiten	Mitarbeiter leiten	Bereiche leiten	Gemeinde leiten
Beispiele	Hauskreis/ Dienstgruppen	Coach für Leiter/MA	Strukturieren/ Organisieren	Gremienarb Vision/Ziele
Schwerpunkt	Dienst mit anderen	Personen/ Grp. coachen	Strukturen optimieren	„Vaterschaft" Vision/Ziele
Neigungen	Aufgaben/ Dienste/ Personen	Andere in ihrer Entwicklung fördern	Überblick behalten und vernetzen	Visionen/Ziele Gruppen weiterbringen

Diese verschiedenen Ebenen werden sich im Normalfall in Strukturen abbilden, die als Kanäle dienen, in die die Gemeinde-Vision, die Identität, die Werte und die Kultur einer Gemeinde fließen können. In christlichen Gemeinden findet man sie vor allem als Veranstaltungs-, Leitungs- und Kleingruppenstrukturen vor. Diese sollen letzten Endes dazu dienen, die Ziele umzusetzen, die durch die Gemeinde-Vision und den Auftrag der Gemeinde vorgegeben werden.

Auf keinen Fall dürfen Strukturen so angelegt sein, wie es Knut Bleicher (1994) sehr treffend formuliert hat: „Wir arbeiten in Strukturen von gestern mit Methoden von heute an Problemen von morgen vorwiegend mit Menschen, die die Strukturen von gestern gebaut haben und das Morgen innerhalb der Organisation nicht mehr erleben werden"[49].

Strukturen müssen immer eine dienende und dürfen nie eine herrschende Funktion haben, damit die eigentlichen Ziele nicht behindert und die Gemeinde-Vision in ihrer Ganzheit umgesetzt werden kann. Dabei gilt für die Strukturen einer Organisation das gleiche wie für die Vision: Auch die Struktur einer Organisation ist immer einzigartig, weil sie auf einer einzigartigen Vision basiert, die von einzigartigen Menschen entworfen, organisiert und gefüllt wird.

↪ Gemeindestruktur (GNADE)

Bei meiner Suche nach Strukturen in der Bibel, vor allem im NT, bin ich nur indirekt auf Strukturen in der ersten Gemeinde gestoßen, die jedoch nicht eins zu eins übernommen werden können. Dennoch kristallisieren sich aus den vorhandenen Berichten über die Gemeindepraxis zur damaligen Zeit und den Texten der Evangelien mindestens fünf Aufträge[50] heraus, die für eine strukturierte Arbeit der Gemeinde Jesu in unserer Zeit grundlegend sein können:

Gemeinschaft

„Lasst uns aufeinander Acht haben und uns anreizen zur Liebe und zu guten Werken und nicht verlassen unsre Versammlungen, wie einige zu tun pflegen, sondern einander ermahnen, und das umso mehr, als ihr seht, dass sich der Tag naht." (Hebräer 10,24-25)

Nachfolge

„Wer mir folgen will, der verleugne sich selbst und nehme sein Kreuz auf sich täglich und folge mir nach. Denn wer sein Leben erhalten will, der wird es verlieren; wer aber sein Leben verliert um meinetwillen, der wird's erhalten." (Lukas 9,23-24)

---

49   Glatz, Hans: Handbuch - Organisation gestalten, S. 255.

50   Nähere Erläuterungen dazu, siehe Anlage 2: „Die fünf Aufträge der Gemeinde Jesu".

Anbetung

„Da sprach Jesus zu ihm: ... es steht geschrieben (5. Mose 6,13): »Du sollst anbeten den Herrn, deinen Gott, und ihm allein dienen.«" (Matthäus 4,10)

Dienst

„Und er hat einige als Apostel eingesetzt, einige als Propheten, einige als Evangelisten, einige als Hirten und Lehrer, damit die Heiligen zugerüstet werden zum Werk des Dienstes. Dadurch soll der Leib Christi erbaut werden." (Epheser 4,11-12)

Evangelisation

„Ihr werdet die Kraft des Heiligen Geistes empfangen, der auf euch kommen wird, und werdet meine Zeugen sein in Jerusalem und in ganz Judäa und Samarien und bis an das Ende der Erde."

(Apostelgeschichte 1,8)

Die Stichworte dieser Aufträge wurden bewusst so gewählt, damit auch durch die Anfangsbuchstaben deutlich wird, von was die Umsetzung einer Gemeinde-Struktur zuallererst abhängt: Sie ergeben das Wort GNADE, ganz im Sinne von Sacharja 4,6 und Johannes 15,5:

„Es soll nicht durch Heer oder Kraft, sondern durch meinen Geist geschehen, spricht der HERR Zebaoth."

„Ich bin der Weinstock, ihr seid die Reben. Wer in mir bleibt und ich in ihm, der bringt viel Frucht; denn ohne mich könnt ihr nichts tun."

Wir dürfen niemals aus den Augen verlieren, ganz egal um was es in der Praxis der Arbeit unserer Gemeinde geht, dass alles von der Gnade Gottes abhängt, der uns reichlich von dem geben will, was für den Erfolg unserer Gemeindearbeit nötig ist. Und das liegt einfach daran, dass ER seine Gemeinde bauen möchte (vgl. Matthäus 16,18).

Durch die angeführten Bibelstellen zu diesen fünf Aufträgen, sprechen diese für sich und können zunächst als Grundlage einer groben Struktur dienen, die auch als Vorlage für die Besetzung eines Gemeindeleitungsteams (GLT) dienen könnte. Das bedeutet, dass jedes Mitglied des GLT die Verantwortung für einen Bereich der Gemeindearbeit übernehmen würde.

Hier ein Entwurf, wie eine solche Struktur aussehen könnte:

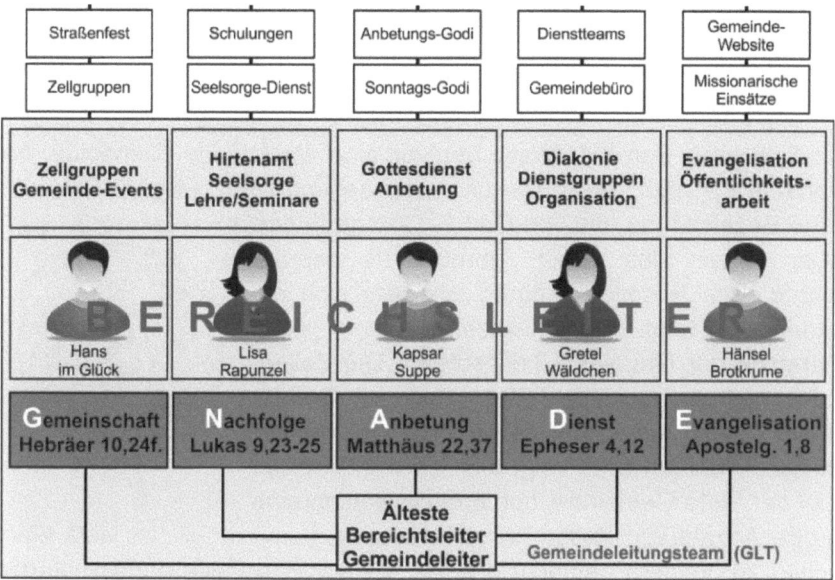

Diese Struktur ist bewusst von unten nach oben aufgebaut. Es geht in der Gemeinde nicht darum, Macht auszuüben oder zu regieren, sondern im besten Sinne dadurch Einfluss zu nehmen, dass man einander dient und füreinander da ist. Ganz im Sinne Jesu, der gesagt hat:

> *„Wer unter euch groß sein will, der sei euer Diener; und wer unter euch der Erste sein will, der sei euer Knecht, so wie der Menschensohn nicht gekommen ist, dass er sich dienen lasse, sondern dass er diene und gebe sein Leben zu einer Erlösung für viele."* (Matthäus 20,26-28)

Das bedeutet, dass Leitung und Begleitung in der Gemeinde immer darauf ausgerichtet sein sollte, Nachfolgern Jesu zu helfen, sie zu unterstützen und sie auf dem Weg zu begleiten, den Gott ihnen vorgegeben hat, um das zu tun, was Gott von ihnen möchte.

Diese Leitungsstruktur ist sicher nicht die einzig mögliche, aber es ist eine auf biblischen Prinzipen aufbauende Struktur, auf deren Schultern ganz verschiedene Gemeindeformen einen Platz finden können. Wenn Sie genau hinsehen, werden Sie feststellen, dass Sie diese Struktur sowohl mit einer Zellgruppe, als auch mit einer kleinen oder einer wachsenden Gemeinde mit Leben füllen können. Dabei lege ich Wert auf das Wörtchen „Leben", denn eine Struktur ist kein totes Konstrukt, sondern eine Basis, auf der sich ein gesunder Organismus entwickeln kann, wie z.B. Gemeinde Jesu vor Ort.

Entwickelt sich mit dieser Struktur eine wachsende Gemeinde, bevorzuge ich die Gemeindestruktur der sogenannten „Meta-Gemeinde". Eine Bezeichnung, die von Carl F. George in den 90er Jahren des 20ten Jahrhunderts geprägt wurde. Das Besondere daran ist, dass sich die Struktur im Großen und Ganzen auf zwei große Bereiche der Gemeinde konzentriert: Die Zellen, oder auch „Lebenshilfe-Zellen", und den Gottesdienst. Dabei haben die Zellen in dieser Struktur oberste Priorität. Dies zeigt sich auch im großen Ziel der Meta-Gemeinde, durch Multiplikation eine  große Anzahl von Zellen hervorzubringen, damit möglichst viele Menschen zu Jüngern gemacht und zur (geistlichen) Reife geführt werden können (vgl. Matthäus 28,18-20; Epheser 4,11-14).

George beschreibt es so[51], dass die Gemeinde darauf ausgerichtet sein muss, sich am Sonntag zum Gottesdienst zu treffen, damit alle Zellen gemeinsam feiern können. Wenn sie nur eine Gemeinde ist, die nebenbei auch noch Zellen hat, wird diese Struktur scheitern. Ist sie aber eine Gemeinde, die zusammenkommt, damit Zellen gemeinsam feiern (und neue Menschen für neue Zellen gewonnen werden können), wird das Auswirkungen haben, bis hin zur Predigt im Gottesdienst, die die Zelle in der kommenden Woche oder das Leiterschaftstraining inhaltlich beeinflusst.

Das bedeutet wiederum, dass jede Entscheidung, jede organisatorische Maßnahme sowie die gesamte Entwicklung der Leiterschaft daran gemessen wird, inwieweit sie dazu beiträgt, dass sich die Arbeit der Gemeinde durch ihre Zellen vervielfacht. Und dies mit dem Ziel, dass jeder Neuankömmling in der Gemeinde mit großer Aufmerksamkeit empfangen und gefördert wird, bis die gesamte Bevölkerung im Umfeld

---

[51] Vgl. George, Carl F.: Gemeindemodell für die Zukunft - Die Meta-Gemeinde, S. 110.

der Gemeinde erreicht und „zu Jüngern gemacht" wurde (vgl. Matthäus 28,18-20; Epheser 4,11-14; 2. Timotheus 2,2).

Die Zellstruktur der „Meta-Gemeinde" könnte nun mit der Leitungs-Struktur (GNADE) so verbunden werden, wie beispielhaft in folgendem Organigramm dargestellt.[52] Damit ist sie zwar strukturell „nur" ein Teilbereich der Gemeinde, sollte aber in der Arbeit der Gemeinde dennoch immer eine sehr hohe Priorität erhalten, sonst beraubt man diese Gemeindeform ihrer Möglichkeit(en), quantitativ nahezu unendliches Wachstum zu erfahren.

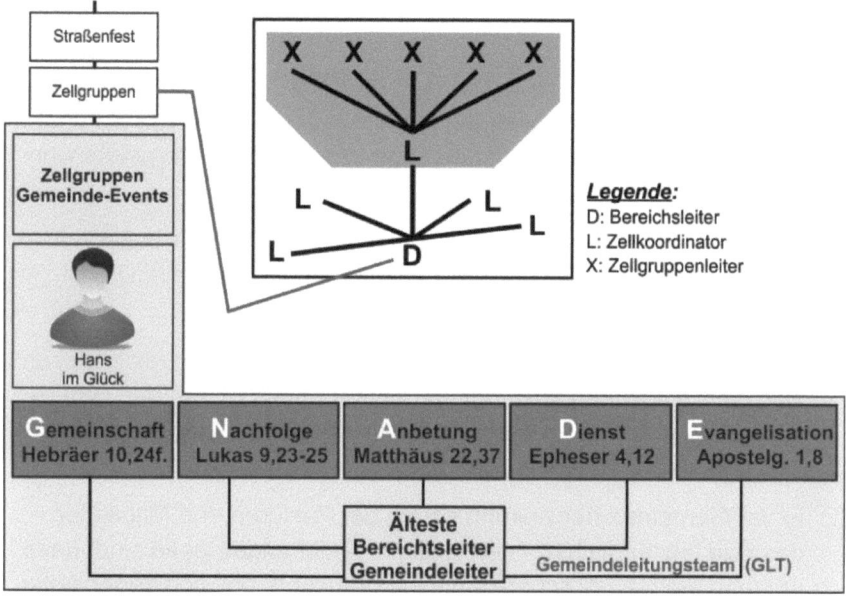

George führt als praktisches Beispiel dafür, dass es tatsächlich funktionieren kann, die „Yoido Full Gospel Church" in Soul, Süd-Korea, an, die derzeit ca. 800.000 Mitglieder hat. Von dieser Zahl sollten Sie sich nicht abschrecken, sondern motivieren lassen, weil sie zeigt, dass es tatsächlich möglich ist, über die sehr engen, menschlichen Grenzen hinauszukommen, wenn der Herr Jesus selbst, beim Bau der Gemeinde

---

[52] Dies ist eine sehr vereinfachte Darstellung einer Struktur, die sich in der Praxis komplexer erweisen wird. Mit diesem Organigramm soll nur gezeigt werden, dass sich die Struktur der Meta-Gemeinde auch mit dieser, auf biblischen Prinzipien aufgebauten Leitungsstruktur verbinden lässt, ohne dass die Zellgruppen dabei ihre Priorität verlieren.

die Richtung vorgeben darf. Was damit gemeint ist, wird in den sieben Leitgedanken von Carl F. George zu der Gemeindeform der Meta-Gemeinde deutlich, die ich aus seinem Buch übernommen habe:[53]

1. Die Gemeinden der Zukunft setzen sich voll und ganz dafür ein, mehr und besser geschulte Jünger hervorzubringen.

2. Die Gemeinden der Zukunft werden sich mehr um das Ausmaß der Ernte als um ihre beschränkten Möglichkeiten (finanziell, strukturell, organisatorisch, etc.) Gedanken machen.

3. Unter Gemeinde wird man vor allem einen Ort fürsorglicher Zuwendung verstehen, weniger ein Lehrgebäude (mehr Anwenden, weniger Verstehen/Wissen).

4. Die Pastoren stehen voll und ganz hinter dem Dienst von Ehrenamtlichen, obwohl jahrhundertelang eher das Gegenteil vorgelebt wurde.

5. Die Übertragung von Aufgaben an ehrenamtliche Mitarbeiter beinhaltet auch die Möglichkeit zur Leiterschaft in einer Zell-, Dienst- und/oder Großgruppe.

6. Ehrenamtliche werden Zeit, Energie und Geld dafür investieren, um sich die Fähigkeiten anzueignen, die man braucht, um den Hirtendienst kompetent zu versehen - wenn ihnen die Gelegenheit dazu geboten wird.

7. In der Gemeinde der Zukunft sehen die Pastoren und Mitglieder, dass sie letztendlich auf den Heiligen Geist angewiesen sind, dass er ihnen die Gaben schenkt, die sie brauchen, um sich gegenseitig aufzuerbauen.

Diese Strukturierung und damit auch Priorisierung der Gemeindearbeit bedingt natürlich, dass sich sowohl die bisherige Terminologie in der Struktur einer Gemeinde, als auch die Struktur an sich auf die neue Situation anpassen müssen.

Was die Terminologie betrifft, so wäre ein erster, wichtiger Schritt, vorhandene Begriffe neu zu definieren, bzw. richtig zu füllen. Manche

---

[53] Vgl. George Carl F.: Gemeindemodell für die Zukunft - Die Meta-Gemeinde, S. 174.

Gemeinden verwenden z.B. den Begriff „Bereichsleiter" für die Leiter von Teams. „Bereichsleiter" decken im Normalfall einen Arbeitsbereich der Gemeinde ab, während „Teamleiter" normalerweise einem Team vorstehen, das eine Aufgabe innerhalb eines Bereichs innehat. Eine einheitliche und klare Nomenklatur ist sehr wichtig, damit alle Beteiligten einander richtig verstehen können, weil sie die gleiche Sprache sprechen, bzw. ihre Begriffe die gleichen Bedeutungen haben.

Was die Leitungsstruktur betrifft, so wäre ein wichtiges Ziel, vor Beginn aller Maßnahmen, alle Leitungsaufgaben zu besetzen, die sich aus der von Ihnen entworfenen Struktur ergeben, und die Rollen innerhalb des Leitungsteams zu klären.

Diese Frage ist wichtig und darf nicht unter den Teppich gekehrt werden. Wer meint, dass die Rollenfrage in einem Team nicht geklärt werden müsste und zu einem oberflächlichen „Wir sind alle gleich!" übergeht, hat die Dynamik eines funktionierenden Teams noch nicht verstanden. Ein Team ohne definierte Rollen, klare Verantwortlichkeiten und ohne Leiter ist in der Praxis auf Dauer nicht zufriedenstellend zu organisieren und zu führen.

Das englische Sprichwort: „There is no I in a Team" unterstreicht hierbei etwas sehr Wichtiges: Ein echtes Team ist ein Miteinander von sich ergänzenden Begabungen, in der das Ego des Einzelnen keinen Platz haben kann. Dennoch ist die Frage nach klaren Verantwortlichkeiten und der Leitung eines Teams ein wichtiger Punkt, der oft fahrlässig übergangen wird.

Ein naives „In unserem Team sind wir alle gleichgestellt!" ist zu undifferenziert und führt meist zu einer Lähmung des Teams, wie es in christlichen Kreisen mancherorts anzutreffen ist. Wenn Sie die unterschiedlichen Neigungen, geistlichen Gaben und Persönlichkeiten der Mitglieder eines Teams wirklich ernst nehmen möchten, ist eben nicht jeder im Team gleich stark, schwach, begabt und führungsfähig wie der andere. Nicht umsonst hat der Apostel Paulus in 1. Korinther 12,28-31 für jede Gemeinde dazu eine deutliche Botschaft:

„Und Gott hat in der Gemeinde eingesetzt erstens Apostel, zweitens Propheten, drittens Lehrer, dann Wundertäter, dann Gaben, gesund zu machen, zu helfen, zu leiten und

mancherlei Zungenrede. Sind alle Apostel? Sind alle Pro-
pheten? Sind alle Lehrer? Sind alle Wundertäter? Haben
alle die Gabe, gesund zu machen? Reden alle in Zungen?
Können alle auslegen? Strebt aber nach den größeren Ga-
ben!"

Das bedeutet, dass Sie als Leitungsteam der Gemeinde danach fragen müssen, wer, auf welche Weise, zu was berufen ist, um ihn dort
entsprechend einsetzen zu können.[54]

Strategie

➲ Geistlicher Lebensentwicklungsprozess

Bevor Sie zu strategischen Überlegungen
kommen, die auf der Vision Ihrer Gemeinde
aufbauen, lassen Sie uns zunächst einen
kleinen Schritt zurückgehen. Dabei schauen
wir uns etwas an, das ich als Plan Gottes für
die gesamte Menschheit sehe. Etwas, das
schon vor Grundlegung der Welt festgelegt
war, nämlich dass der Mensch im Mittel-
punkt des Welt- und damit auch Gemeindegeschehens liegen soll:

> *„Denn in ihm (Jesus) hat er uns erwählt, ehe der Welt*
> *Grund gelegt war, dass wir heilig und untadelig vor ihm*
> *sein sollten; in seiner Liebe hat er uns dazu vorherbe-*
> *stimmt, seine Kinder zu sein durch Jesus Christus nach*
> *dem Wohlgefallen seines Willens, zum Lob seiner herrli-*
> *chen Gnade, mit der er uns begnadet hat in dem Gelieb-*
> *ten."* (Epheser 1,4-6)

Lassen Sie uns diesen Gedanken noch ein wenig vertiefen, indem
wir uns sechs Bibelstellen aus dem Alten Testament (AT) und NT der
Bibel anschauen. Dies ist nötig, damit es zu einem Verständnis dafür
kommen kann, worum es in diesem Plan Gottes wirklich geht. Vielleicht
ist das für Sie sogar etwas völlig Neues. Zunächst der Blick auf eine
Stelle im AT:

---

[54] Weitere Informationen dazu, siehe Anlage 3: „Der fünffältige Dienst".

„Gott schuf den Menschen zu seinem Bilde, zum Bilde Gottes schuf er ihn; und schuf sie als Mann und Frau."

(1. Mose 1,27)

Gott schuf Himmel und Erde und alle Pflanzen und Tiere, Flora und Fauna. Und dann, als das „Haus" gebaut war, durfte der Mensch darin einziehen, wenn auch zunächst „nur" in den Garten Eden. Doch alle Zeichen deuteten darauf hin, dass diese Erde einmal als Wohnraum für die Menschen geschaffen wurde. Damit lag der Fokus Gottes schon von Anfang an eindeutig auf den Menschen:

„Also hat Gott die Welt geliebt, dass er seinen eingeborenen Sohn gab, damit alle, die an ihn glauben, nicht verloren werden, sondern das ewige Leben haben." *(Johannes 3,16)*

Auch im NT liegt der Fokus Gottes immer noch auf den Menschen, deren Erlösung er schon vor Grundlegung der Welt beschlossen hatte (vgl. Epheser 1,4). Und dafür gab er alles, jedoch nicht ohne seine Jünger in die Verantwortung zu nehmen:

„Trachtet zuerst nach dem Reich Gottes und nach seiner Gerechtigkeit, so wird euch das alles zufallen."

(Matthäus 6,33)

Diese Aussage hat Gott jedoch an eine Bedingung geknüpft, die Sie in Markus 10,15 nachlesen können:

„Wahrlich, ich sage euch: Wer das Reich Gottes nicht empfängt wie ein Kind, der wird nicht hineinkommen."

Die Menschen sollen also nach dem Reich Gottes streben und es in kindlichem Glauben empfangen. Doch wo ist das Reich Gottes? Dazu gibt es mindestens zwei Antwortmöglichkeiten: Zum einen ist das Reich Gottes um uns herum, oder wie es in Lukas 17,21 heißt:

„Denn siehe, das Reich Gottes ist mitten unter euch."

Darauf lag auch in meinem geistlichen Leben lange Zeit der alleinige Fokus: Wir müssen Reich Gottes bauen. Und das hieß für mich: Wir müssen an der Gemeinde Jesu vor Ort arbeiten. Doch dieses „mitten unter euch" (griechisch: entos) kann auch noch anders übersetzt werden, ändert dann allerdings seine Zielrichtung.

Deshalb übersetzte Martin Luther diese Worte aus Lukas 17,21 folgendermaßen:

„Sehet, das Reich Gottes ist inwendig in euch.“

Damit befindet sich das Reich Gottes sowohl um uns herum als auch in jedem einzelnen Nachfolger Jesu. Und das fügt sich nahtlos in die Texte des NT der Bibel ein, wo es darum geht, dass Jesus Christus in seinen Jüngern beheimatet ist, wie z.B. Galater 2,20 aussagt:

„Ich lebe, doch nun nicht ich, sondern Christus lebt in mir. Denn was ich jetzt lebe im Fleisch, das lebe ich im Glauben an den Sohn Gottes, der mich geliebt hat und sich selbst für mich dahingegeben.“

Wenn Sie also nach dem Reich Gottes trachten, geht es auch darum, dass Sie sich nach dem ausstrecken, was an geistlichem Fortschritt in Ihnen geschehen kann. Z.B., dass Sie immer mehr erfüllt werden vom Heiligen Geist, wie es sich Paulus in Epheser 5,18 wünscht:

„Und sauft euch nicht voll Wein, woraus ein unordentliches Wesen folgt, sondern lasst euch vom Geist erfüllen.“

Oder dass Jesus Christus immer mehr Gestalt in Ihnen gewinnen kann, wie es Paulus auch den Christen in Galatien liebevoll ans Herz gelegt hat:

„Meine lieben Kinder, die ich abermals unter Wehen gebäre, bis Christus in euch Gestalt gewinne!“ (Galater 4,19)

All diese Überlegungen finden schließlich ihren Höhepunkt in dem Missionsbefehl, den Jesus seiner Gemeinde, und damit auch uns Nachfolgern Jesu für die heutige Zeit ins Stammbuch geschrieben hat:

„Mir ist gegeben alle Gewalt im Himmel und auf Erden. Darum gehet hin und machet zu Jüngern alle Völker: Taufet sie auf den Namen des Vaters und des Sohnes und des Heiligen Geistes und lehret sie halten alles, was ich euch befohlen habe. Und siehe, ich bin bei euch alle Tage bis an der Welt Ende.“ (Matthäus 28,18-20)

Um es zusammenzufassen: Jesus hat seiner Gemeinde nicht den Auftrag gegeben, Gemeinde zu bauen, sondern Menschen zu Nachfolgern Jesu zu machen und sie alles zu lehren, was er seiner Gemeinde anbefohlen hat. Wenn Sie danach trachten, das Reich Gottes in den Menschen zu bauen, wird Jesus Ihnen alles andere dazu geben, und er wird seine Gemeinde selbst bauen (vgl. Matthäus 16,18).

Es geht also nicht in erster Linie darum, dass Sie sich um Strukturen, Strategien, Immobilien, Gruppen und Kreise bemühen, sondern auf das konzentrieren, was helfen kann, den Auftrag Jesu zu erfüllen, durch den Menschen zu Jesus finden sollen, im Glauben wachsen und zu Jüngern Jesu werden können.

Und genau diese Bemühungen werden dann zu Strukturen, Strategien, Immobilien, etc. führen, um diesem Auftrag gewachsen sein zu können. Im Ergebnis mag es gleich aussehen, aber der Ansatz ist ein völlig anderer, denn mit diesem Fokus stehen der Mensch, seine Erlösung und sein geistliches Wachstum im Mittelpunkt und nicht nur die Pflege der Gemeinde vor Ort, mit all ihren Erfordernissen.

Der Fokus auf der Arbeit einer Gemeinde führt nicht selten dazu, dass es irgendwann nur noch darum geht, wie Sie Veranstaltungen bedienen können, Traditionen pflegen, Full-Service bieten und Ihren Strukturen dienen können. Aber der Mensch und seine geistliche Entwicklung bleiben dabei auf der Strecke. Nicht nur deshalb empfehle ich Ihnen sehr, den Fokus immer auf den Menschen und seine geistliche Entwicklung zu richten, ganz im Sinne des Auftrags von Jesus. Und das versuchen wir nun, strategisch umzusetzen.

Die Dichterin Mary Oliver schrieb ein Gedicht mit dem Titel „Flusssteine". Darin beschreibt sie, wie leicht Steine „zufriedenzustellen" sind. Im Gegensatz dazu schreibt sie, wie sehr sich das Wasser danach sehnt, an einem anderen Ort zu sein. Wer schon einmal einen Bach oder einen kleinen Fluss beobachtet hat, wird ihr zustimmen. Steine liegen in einem Bach- oder Flussbett einfach nur da, sie bewegen sich nicht. Sie sehnen sich nicht nach Veränderung. Sie sind von Natur aus statisch. Doch das Wasser ist völlig anders. Es strebt immer nach Bewegung. Unaufhaltsam bewegt es sich von der Quelle bis zur Mündung.

Menschen sind vergleichbar mit diesem Wasser. Und tatsächlich bestehen sie ja auch zu 70% aus Wasser. Wie das Wasser sind sie ständig auf der Suche nach etwas, nach einem anderen Ort, zu dem die

Seele fließen möchte. Im Grunde sehnen wir Menschen uns nach inniger Vertrautheit (vgl. 1. Mose 2,18). Wir wollen wieder so eng mit Gott verbunden sein, wie wir das am Anfang waren. So eng, wie es eigentlich für jeden sein sollte (vgl. Johannes 17,21).

Für die Gemeinde bedeutet dies, dass die Aufgabe der Gemeindeleitung nicht nur darin besteht, den Menschen zu helfen, ein besseres Leben zu führen, sondern dass es auch darum geht, die Menschen darin zu begleiten, durch Jesus ein Leben in der tiefen Gemeinschaft mit Gott führen zu können (vgl. Matthäus 28,19-20), und zu Jüngern Jesu zu werden (vgl. Epheser 4,11-14).

Und das bedeutet auch, dass Sie es in der Gemeinde immer mit Menschen zu tun haben, die sich in unterschiedlichen geistlichen Phasen und in unterschiedlicher Nähe zur Gemeinde befinden. Rick Warren hat in seinem Buch „Kirche mit Vision" diese Personengruppen etwas strukturiert und seinem System die Überschrift „Kreise der Hingabe"[55] gegeben. Darin beschreibt er diese Personengruppen mit Stichworten wie „Gesellschaft, Gottesdienstbesucher, Gemeinde, »gebende« Gemeindeglieder und Gemeindekern"[56].

Dieses Werkzeug kann eine Hilfe sein, wenn man Kriterien braucht, um Menschen in Bezug auf ihre Reife ein wenig einzuschätzen. Und das werden Sie müssen, wenn Sie Menschen wirklich so weit zu geistlicher Reife führen möchten, dass sie auch Verantwortung übernehmen, sowohl für die Gemeinde als auch für die Menschen, die sich zur Gesellschaft oder den Gottesdienstbesuchern zählen.

Das Ganze kann sich dann auch in einem Entwicklungsprozess für geistliches Leben von Nachfolgern Jesu widerspiegeln. Wenn Sie Gemeinde bauen, und dabei die Missionsaufträge Jesu oder den Auftrag von Paulus in Epheser 4 ernst nehmen möchten, sollte die Entwicklung

---

[55] Vgl. Warren, Rick: Kirche mit Vision, S. 126.

[56] *Gesellschaft:* Menschen, die normalerweise keinen Gottesdienst besuchen und der Kirche eher distanziert gegenüberstehen. - *Gottesdienstbesucher:* Christen oder Nichtchristen, die regelmäßig den Gottesdienst besuchen. - *Gemeinde:* Christen, die sich für den Auftrag von Anbetung und Gemeinschaft entschieden haben, und Mitglieder geworden sind. - *„gebende" Gemeindeglieder:* Christen, die beten, geben und daran arbeiten, in der Jüngerschaft zu wachsen, aber in keinem Dienstbereich eingebunden sind. - *Gemeindekern:* Das sind hingebungsvolle Mitarbeiter und Leiter, die sich dafür entschieden haben, anderen zu dienen. Sie arbeiten in den verschiedenen Diensten mit oder leiten sie.

geistlichen Lebens eine sehr hohe Priorität haben. Die Grundidee zu diesem Prozess stammt aus dem Buch „Kirche mit Vision" von Rick Warren, wurde aber von mir stark modifiziert.

Die grobe Zielsetzung hinter diesem Prozess ist, dass Sie als Gemeinde den Menschen helfen, zum Glauben zu finden und so im Glauben zu wachsen, dass diese als Jünger Jesu zu ihrer persönlichen Lebensmission finden können. Um diesen Prozess für eine Gemeinde umsetzbar zu machen, wurde er in kleine Schritte unterteilt, die aussehen wie einzelne Plattformen auf einem Parcours. Wer sich von Plattform zu Plattform bewegt, sollte irgendwann in der Lage sein, seine persönliche Lebensmission nicht nur zu kennen, sondern auch zu leben (siehe Schaubild[57]).

Plattform 1: EINSTIEG

„Wahre Jünger sind Nachfolger Jesu und Menschenfischer (vgl. Markus 1,17). Jesus will Jünger, die Gott lieben mit all ihrem Sein und ihre Nächsten wie sich selbst (vgl. Matthäus 22 37-40), während sie leidenschaftlich dafür brennen, den Missionsbefehl zu erfüllen."[58] Genau darum geht es im Rahmen dieser Plattform; Jünger Jesu geben ihren Mitmenschen Zeugnis von ihrer Erlösung und teilen ihnen das Evangelium von Jesus Christus mit.

---

57 Vgl. Warren, Rick: Kirche mit Vision, S. 127.
58 Smith, Steve: T4T - Eine Jüngerschafts-Re-Revolution, S. 91.

In der Praxis kann dies auf ganz unterschiedliche Weise geschehen, wie auch nebenstehende Grafik aufzeigt. Wobei das Ziel immer das gleiche bleibt: Menschen sollen zum Glauben an Jesus Christus kommen und in einer Zellgruppe (die zur Gemeinde gehört) eine Heimat finden.

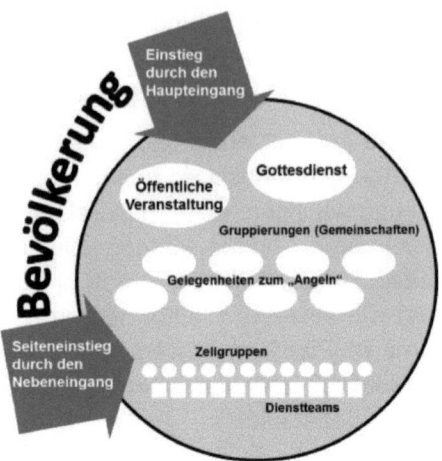

Dabei gibt es mindestens zwei Möglichkeiten, Zugang zur Gemeinde und damit zu einer Zellgruppe zu finden: durch den Haupt- oder den Nebeneingang.[59]

Ein Zugang durch den „Haupteingang" findet statt, wenn Gäste auf Anzeigen der Gemeinde oder ihre diakonischen Angebote reagieren, sich zu Veranstaltungen einladen lassen, an öffentlichen Grillfesten oder einem Gottesdienst im Grünen teilnehmen, oder sich bei Aktionen, z.B. in der Fußgängerzone, ansprechen und einladen lassen. Man spricht dabei auch von „Brückenveranstaltungen", die den Menschen helfen, einen Weg in die Gemeinde und damit auch in eine ihrer Zellgruppen zu finden.

Ein Zugang durch den „Nebeneingang" findet statt, wenn Menschen im Umfeld von Jüngern Jesu durch persönliches Zeugnis und das Evangelium von Jesus Christus in eine Zellgruppe finden, und dadurch auch in Kontakt mit der Gesamtgemeinde kommen. Bei diesem Umfeld von Jüngern Jesu spricht man auch von dem „oikos", ein Begriff aus der griechischen Sprache des NT, der ganz allgemein „Haushalt" oder „Familie" bedeutet. Damit sind nicht nur die Menschen im eigenen Haushalt oder der Familie gemeint, sondern alle Menschen, mit denen ein Jünger Jesu regelmäßig in Kontakt kommt: Nachbarn, Freunde, Bekannte, Verwandte, Kollegen, usw.

---

[59] Vgl. George, Carl F.: Gemeindemodell für die Zukunft - Die Meta-Gemeinde, S. 84ff.

Am besten finden Sie diese Menschen, indem Sie sich Zeit nehmen, um sich mit Gott darüber zu unterhalten, wer diese Menschen sind, die er durch Sie erreichen möchte. Die Namen dieser Menschen schreiben Sie dann auf ein leeres Blatt Papier. Dabei spielt es keine Rolle, wie viele Namen es werden. Einfach aufschreiben.

Danach beten Sie über Ihrer Liste und fragen Gott dabei, welche fünf Menschen aus der Liste er zuerst durch Sie erreichen möchte. Für diese Menschen können Sie in der kommenden Zeit beten und sich Wege zeigen lassen, wie Sie mit diesen Menschen in Kontakt treten können. Gott wird Ihnen ganz bestimmt Wege zeigen, denn er möchte dass alle Menschen gerettet werden und „zur Erkenntnis der Wahrheit kommen" (1. Timotheus 2,4).

Plattform 2: BINDUNG

Sie können zunächst einmal nicht davon ausgehen, dass jeder Mensch, der die Gemeinde besucht, vielleicht sogar regelmäßig, auch an Jesus Christus glaubt und mit ihm lebt. Deshalb geht es auf dem Weg zur zweiten Plattform auch darum, Menschen den Weg zu Jesus zu zeigen. Und es geht darum, sie in eine verbindliche Gemeinschaft hineinzuführen, in der es möglich ist, Jesus nicht nur als Retter und Erlöser, sondern auch als Hirten, Heiler, Täufer in Heiligem Geist und wiederkehrenden König kennen zu lernen.

Bei dem Stichwort „Bindung" geht es also primär um eine Bindung an Jesus Christus. Dann aber auch um eine Bindung an eine örtliche Gemeinde, was sich hauptsächlich in der Zugehörigkeit zu einer Zellgruppe und/oder einem Dienstteam zeigt. Dies ist wichtig, denn normaler-

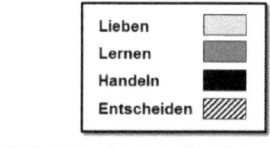

Zelle

Bibelkreis

Dienstteam

weise spricht jede Zelle vier Dimensionen des Dienstes an: Lieben (pastorale Zuwendung), Lernen (Bibelkenntnis), Entscheiden (interne Administration) und Handeln (Pflichten auf sich nehmen, mit denen anderen, die nicht in der Zelle sind, gedient wird). Jeder Zelltypus setzt dabei unterschiedliche Akzente, passt aber mindestens in eine von zwei Ausrichtungen: Fürsorgliche Gruppen (= Zellen) oder Dienstgruppen.[60]

Die beliebteste der Zellgruppen ist vermutlich der Bibelkreis, weil hier zentrale Themen des christlichen Glaubens in die Praxis des täglichen Lebens der Gruppe übersetzt werden. Persönliche Zuwendung und Austausch muss es allerdings auch geben, sonst können die Teilnehmer intellektuell und zwischenmenschlich steril werden. Die Komponente des Entscheidens spielt auch eine Rolle:

Wann werden wir uns wieder treffen? Bei wem? Wer bringt Erfrischungen mit? etc. Nicht zu vergessen: Gerade Bibelkreise, die es schon seit längerem gibt, übernehmen manchmal Hilfsdienste und andere „tätige" Pflichten für die Gemeinde oder das Gemeinwesen.

Die Agenda einer Zellgruppe enthält oft folgende Punkte: Bibel studieren, Anbetungslieder singen, sich über Probleme unterhalten und von Gottes Handeln berichten, beten, das nächste Treffen planen, anderen helfen. Diesen Aktivitäten sind wiederum die vier Komponenten zu Eigen: lieben, lernen, handeln, entscheiden.

Gemeindeleitungsteams, Ausschüsse, Dienstteams und ähnliche Gruppen richten ihre Anstrengungen zum erheblichen Teil darauf, Grundsatzentscheidungen zu treffen, die der Gemeinde dienen. Bibel und Gebet sind auch Teil dieser Teams, will die Gemeinde ihrem Auftrag nachkommen, Menschen zu Jüngern zu machen.

Es ist sicher klug, den ersten Teil jedes Treffens zum Austausch, Gebet und Bibelstudium (Andacht) zu verwenden. Das erhöht die Effektivität einer Gruppe sehr. Auf jeden Fall sollten alle vier Komponenten einer Zelle vorhanden sein, wenn die Gruppe davor bewahrt bleiben will, an Einseitigkeit zu Grunde zu gehen.

Jeder ehrenamtliche Zell-Leiter (egal welchen Geschlechts) einer jeden „Lebenshilfe-Zelle" (im Gegensatz zur Dienstgruppe) fungiert als „ehrenamtlicher Pastor" einer zehn Personen umfassenden „Herde". Dieser Hirte übernimmt die Verantwortung für die geistliche Lebenskraft der Zelle und bekommt vom leitenden Pastor oder vom Zellkoordinator sorgfältige Anleitung/Begleitung.

---

[60] Vgl. George, Carl F.: Gemeindemodell für die Zukunft - Die Meta-Gemeinde, S. 99.

Die dahinterstehenden Prinzipien werden deutlich, wenn wir uns mit den folgenden Zielen bzw. Inhalten einer Zellgruppenstruktur befassen:[61]

Weiden kommt vor Lehren

Hilfe zum Leben und bei Problemen hat oberste Priorität, auch wenn dabei die Bibellehre nicht zu kurz kommen darf. Deshalb braucht es neben dem Zell-Leiter und dem Co-Leiter noch einen Gastgeber. Die einen kümmern sich um Geist und Seele, der andere um den Leib.

Jeder Neue ist willkommen

Zellgruppen sollten ein Signal setzen, dass ihr Herz für Evangelisation schlägt, indem sie an jedem Abend des Treffens einen leeren Stuhl in ihre Mitte stellen. Überschreitet die Zahl der Teilnehmer die Marke von zehn Personen, wird dadurch die Geburt einer neuen Zelle ausgelöst. Das nennt sich Multiplikation, und nicht Teilung!

Zell-Leiter lassen sich nicht von Aussteigern aufhalten

Spannungen und Unzufriedenheit innerhalb der Zellgruppe können auch durch die Bildung einer Tochterzelle gelöst werden. Dort, wo Menschen sind, befinden sich auch Unreife, Sünde und Umstände, die man nicht kontrollieren kann. Menschen werden ausscheiden und neue dazu stoßen. All dies - und noch weiteres - sollte uns nicht überraschen.

Periode für die Multiplikation

Das Zeitfenster, in der sich eine Zellgruppe normalerweise multipliziert (bzw. eine Tochterzelle gründet) besteht zwischen vier Monaten und zwei Jahren. Dauert es ca. ein Jahr, verringert sich die Wahrscheinlichkeit auf 50%. Bei zwei Jahren auf 5%, dass sie sich multiplizieren wird. Bei Geburt einer neuen Zellgruppe beginnt die Berechnung des Zeitfensters von vorn. Um dies alles im Blick zu behalten, wird von Anfang an ein Co-Leiter gewählt und dafür geschult, die neue Zellgruppe zu gründen, wenn es zur Geburt einer Tochterzelle kommt.

Standort der Zelle

Am besten treffen sich die Zellgruppen dort, wo die Menschen wohnen und/oder arbeiten. Dies können auch öffentliche Treffpunkte sein (dabei

---

[61] Vgl. George, Carl F.: Gemeindemodell für die Zukunft - Die Meta-Gemeinde, S. 108ff.

stellen sich jedoch Fragen nach: Anonymität der Einzelnen? Lobpreis? Fürbitte? Befreiungsdienst? etc.) oder es kann zu Hause bei einem Zellmitglied sein (wechselnde Orte?), was die Gabe der Gastfreundschaft anregt bzw. fördert.

Rhythmus für das Treffen

Um sich gegenseitig positiv beeinflussen zu können, sollten sich die „Lebenshilfe-Zellen" mindestens zwei Mal im Monat treffen.

Kreislauf der Zugehörigkeit

Ist ein Mensch noch kein Christ, beginnt der Kreislauf der Zugehörigkeit beim leeren Stuhl, den er füllt. Er ist dann ein Suchender, wird ein Jünger Jesu, ein Mitarbeiter in der Zellgruppe und möglicherweise sogar ein Co-Leiter für eine mögliche neue Zellgruppe. Bei der „Rekrutierung" von Menschen für eine Tochterzelle helfen alle Mitglieder der aktuellen Zellgruppe mit. Somit steht der Co-Leiter nicht allein da.

Plattform 3: WACHSTUM

Auf dem Weg von der Plattform „Bindung" zur Plattform „Wachstum" geht es z.B. um geistliche Disziplinen. Das heißt, es werden Fragen beantwortet wie z.B.: „Wie lese ich die Bibel?", „Wie wird Gottes Wort zu meinem täglichen Brot (auswendig lernen)?", „Wie gestalte ich eine Zeit mit Gott?", „Was versteht man unter Gebet?", „Wie kann ich die Stimme Gottes hören?", „Wie ist das mit Christsein und Finanzen (Zehnter: 1. Korinther 16,2; Maleachi 3,6-12)?", „Warum sollte ich mich einer Kleingruppe anschließen?", usw.

Und es geht darum, dass der Nachfolger Jesu seine Neigungen erspürt, seine natürlichen Fähigkeiten zur Kenntnis nimmt und auf mögliche geistliche Gaben hingewiesen wird. Dies wären sehr gute Voraussetzungen dafür, dass ein Nachfolger Jesu die Aufgabe finden kann, die Gott ihm in der jeweiligen Gemeinde zugedacht hat.

Mitarbeit ist primär keine fromme Beschäftigungstherapie, damit man sich nicht mehr so sehr auf die Welt konzentrieren muss. Ganz im Gegenteil. Mitarbeit in einer Gemeinde und/oder Zellgruppe ist der Anteil eines jeden Christen am Bau des Reiches Gottes inmitten dieser Welt.

Ein sehr wichtiger Baustein auf dieser Plattform ist auch die Gewinnung potentieller und die Förderung bereits vorhandener Leiter. Die mögliche Gewinnung potentieller Leiter gehört in den Bereich „Personal" der Pyramide. Für die Förderung bereits vorhandener Leiter empfehle ich das sogenannte VIP-Leiterschaftstreffen, wie es im Rahmen der Meta-Gemeinde empfohlen wird.[62]

Dieses VIP-Leiterschaftstreffen hat drei wichtige Funktionen: Vision, Intime Runde und Persönliche Befähigung, und findet in einem Zeitrahmen von ca. zwei Stunden statt.

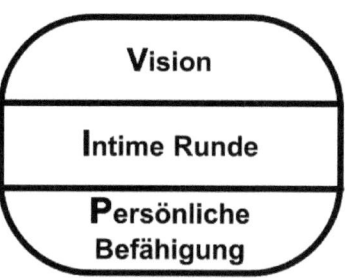

Vision: Dieser Teil beginnt mit einer Zeit des Lobpreises. Danach entfaltet der Gemeindeleiter die Vision, die Gott dazu gebrauchen wird, um den Dienst zu fördern. Dabei muss er sich bewusst sein, dass jede der anwesenden Personen für mindestens zehn weitere Personen steht. Er hat also die „VIP's" der Gemeinde vor sich, auf die es ankommt. Sie sind der Schlüssel für Jüngerschaft und Wachstum. Die Entfaltung der Vision verlegt den Dienst wieder dorthin, wo er hingehört; in die Hände von ehrenamtlichen „Pastoren", die sich von Gott mächtig gebrauchen lassen dürfen, um die „Herde" (Zellgruppe) zu weiden, die ihnen anbefohlen ist.

Intime Runde: Nach ca. 40 Minuten werden Grüppchen gebildet, in denen sich jeder Zellgruppenkoordinator mit „seinen" Zell-Leitern und deren Co-Leitern trifft, um sich auszutauschen. Themen dabei sind: Berichte über Aktivitäten, Erfolge feiern, über Probleme berichten, planen, Lösungen für Schwierigkeiten vorschlagen, einander ermahnen, füreinander beten. Alles unter dem Ziel der gegenseitigen Fürsorge (Liebe).

Jeder Zell- und Co-Leiter hat sich im Rahmen seiner Verpflichtung als Zell-Leiter dazu verpflichtet, seiner Teilnahme am VIP-Treffen höchste Priorität einzuräumen. Falls irgendein Zell- oder Co-Leiter solche Verantwortlichkeit unwillig oder lasch handhabt, werden verantwortliche Leiter ihm bald raten, sich einen anderen Dienst in der Gemeinde zu suchen.

---

[62]   Vgl. George, Carl F.: Gemeindemodell für die Zukunft - Die Meta-Gemeinde, S. 152ff.

Dienende Leiterschaft in der Praxis der Zellgruppen: Der Zellgruppenkoordinator hält auch sonst Kontakte zu „seinen" Zellgruppen, indem er sie von Zeit zu Zeit besucht. Wenn ein neuer Zell-Leiter eingesetzt wird, muss der Koordinator häufiger dort sein. Das bedeutet auch, dass ein erfahrener Zell-Leiter nicht so oft von seinem Koordinator in der Zellgruppe aufgesucht wird. Darüber hinaus besucht der Koordinator, zusammen mit dem Zell- oder Co-Leiter jedes Zellmitglied zu Hause. Sie versuchen das einmal jährlich durchzuführen, wenn nicht sogar alle sechs Monate, im Einklang mit dem großen Programm der Hausbesuche, das unter der Leitung des Gemeindeleiters oder Pastors durchgeführt wird. Solche persönlichen, fürsorglichen Kontakte mit jedem Haushalt vermitteln hervorragende Einsichten über Hintergründe, wenn es zu Situationen kommt, in denen Konflikte oder schwierige personelle oder persönliche Probleme gelöst werden müssen.

Persönliche Befähigung: Nach weiteren ca. 40 Minuten treffen sich am Ende der „Intimen Runde" alle wieder in der großen Runde. Vielleicht wird noch ein Zeugnis gegeben, das für alle interessant ist. Anschließend beginnt der dritte Teil des VIP-Treffens, bei dem es darauf ankommt, die Fähigkeiten der Zell- und Co-Leiter zu trainieren, die sie benötigen. Um genau das zu trainieren, was wirklich gebraucht wird, kann gemeinsam mit erfahrenen Zellkoordinatoren und -leitern eine Liste von Themen bzw. eine Art Schulungsprogramm aufgestellt werden. Das gemeinsame Ziel bei allen Bestrebungen muss sein, sicher zu stellen, dass die Zellen gesund sind. Dazu werden sowohl Zell- als auch deren Co-Leiter in die Verantwortung genommen, und ihnen anschließend eine fördernde Begleitung und ständige Fortbildung angeboten.

Die Treffen selbst finden aus einem wichtigen Grund alle 14 Tage statt: Die Moral der Truppe steht auf dem Spiel! Und falls sich Fragen ergeben, die existentieller Natur sind (z.B. weil der Pastor oder die Gemeindeleitung in Verruf gebracht wird oder spaltende Tendenzen vorhanden sind), kann durch diesen Rhythmus Seitens der Gemeindeleitung schnell reagiert werden. Die meisten Leiter können nicht länger auf Ermutigung durch die Leitergruppen warten. Leiter, die ein Treffen versäumen, weil sie z.B. krank sind, müssen ihre Lasten und Fragen für einen ganzen Monat mit sich herumschleppen, bevor sie in ihrer nächsten „intimen Runde" über sich beten lassen können.

Wichtig ist auch, dass die Zell- und deren Co-Leiter gemeinsam trainieren, da sie diese Erfahrung brauchen. Wenn es allerdings um Grundlagentraining geht, sollte die Gemeindeleitung die Leiter-Azubis ab und zu für eine gesonderte Schulung zusammenrufen. Denn gestandene Zell-Leiter sollten nicht mit Grundlagen gelangweilt werden, die sie schon lange kennen.

Plattform 4: MISSION

Auf dem Weg zur vierten Plattform hat die Gemeinde die Aufgabe, Menschen in dem Prozess zu begleiten, der ihnen hilft, ihre Fähigkeiten und geistlichen Gaben auszubilden und einen Dienstbereich in der Gemeinde auszufüllen, der ihnen von Gott zugedacht ist. Dies kann sowohl im Rahmen der Zellgruppen als auch im Aufgabenbereich der Dienstteams sein. Das Ziel dabei ist, dass jeder Christ seine persönliche Lebensmission finden kann. Die muss nicht immer im Zusammenhang mit der Gemeinde stehen, in der er im Glauben gewachsen ist. Aber sie muss auf jeden Fall im Zusammenhang mit dem Willen Gottes stehen.

Wenn Sie sich die „Kreise der Hingabe" zu Hilfe nehmen, werden Sie feststellen, dass sich vermutlich die meisten Christen aus der „gebenden" Gemeinde und dem Gemeindekern zwischen diesen beiden letzten Plattformen bewegen. Der Prozess insgesamt würde immer weiter gehen, bis Jesus wieder kommt. Die Herausforderung für Ihre Gemeinde ist nun, diesen Prozess mit Leben zu füllen und so zu gestalten, dass Ihre Gemeinde im umfassenden Sinn darin wachsen kann.

Noch ein kurzer Hinweis: Bei diesem Prozess der Entwicklung geistlichen Lebens handelt es sich bewusst nicht um ein Modell. Es ist ein prinzipienorientierter Ansatz. Dies hat den Vorteil, dass Sie diesen Prozess im Rahmen jeder Gemeindeform und -größe anwenden können.

Bei der Umsetzung in die Praxis der Gemeindearbeit ist es nicht entscheidend, mit welcher Plattform Sie beginnen (Einstieg - Bindung - Wachstum - Mission). Wobei es sich schon empfiehlt, mit der ersten Plattform zu starten. Das Ziel ist, dass Menschen am Ende die Möglichkeit haben, in Ihrer Gemeinde den gesamten Prozess zu durchlaufen, um zu reifen Jüngern Jesu heranwachsen zu können.

Beginnen Sie einfach an der Stelle mit Ihrer Strategie, an der schon Strukturen, Konzepte, Veranstaltungen, etc. vorhanden sind, das macht den Einstieg leichter. Und dann gehen Sie, mit den Stärken Ihrer Mitarbeiter und Leiter, die anderen Plattformen an, die vor oder nach der vorhandenen stehen. Auf diese Weise kommen Sie Plattform für Plattform zu dem Ziel, Menschen zu geistlichem Wachstum zu führen, ganz im Sinne Jesu.

Programme

➲ Jüngerschaftsprogramm(e)

Jesus lehrte seine Jünger, sich zu vervielfältigen, als er sie vor seiner Himmelfahrt beauftragte unter allen Nationen Menschen zu seinen Jüngern zu machen und so die Methode seines Wirkens auf dieser Erde fortzusetzen (vgl. Matthäus 28,19-20).

Das geht weit über den Evangelisationsauftrag hinaus und bedeutet verbindliche und räumliche Nähe von reiferen und jungen Christen, die voneinander lernen. Auch Paulus hat die Methode des Herrn Jesus übernommen und Jünger ausgebildet, sie geformt und beauftragt, ihrerseits andere zu unterweisen, und zwar insbesondere solche, die geeignet sein würden, wiederum andere Christen in ihrer Persönlichkeit zu formen und in geistliche Aufgaben einzuführen (vgl. 2. Timotheus 2,2).

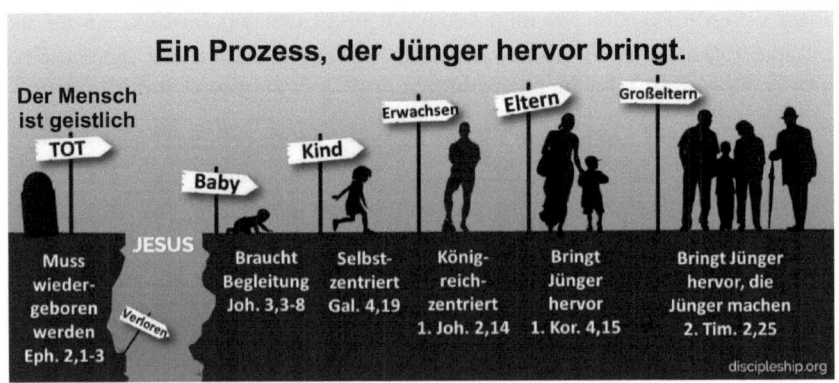

68

Der Auftrag zu Jüngerschaft ist im NT eindeutiger verankert als ein Seelsorgeauftrag, falls man den Begriff „Seelsorge" überhaupt biblisch belegen kann. Ich halte viel von guter seelsorgerlicher Beratung, weiß aber auch aus eigener Erfahrung, dass viele Ratsuchende eigentlich Gespräch und Kontakt Suchende sind, und dass viele Dinge im Umgang der Christen untereinander gelernt werden können, was etliche unnötige Seelsorgetermine ersetzen und andere ergänzen kann.

Insofern kommt der Jüngerschaftsarbeit auch eine ökonomische Komponente zu, da die Arbeit von Formung und Unterweisung, Gebet und Ratschlag sich auf viele Jünger Jesu verteilt (vgl. 1. Petrus 4,10).

Insbesondere durch „Jugend mit einer Mission", aber natürlich vorher unauffälliger und danach an verschiedenen anderen Stellen wurde das biblische Anliegen wiederentdeckt und programmatisch umgesetzt, Christen nicht nur zur Bekehrung zu führen, sondern zu fruchtbaren Jüngern zu machen. Seitdem gibt es viele Jüngerschaftsschulen und -programme, die Christen für eine begrenzte Zeit ganzheitlich zusammenführen. Aber auch kaum eine christliche Ausbildungsstätte oder Bibelschule kommt an dem Anspruch vorbei, die ihnen anvertrauten Menschen nicht nur mit Information und Lehre zu versorgen, sondern auch mit Persönlichkeitsformung.

Insofern gibt es viele verschiedene Methoden, das Prinzip von Jüngerschaft in unserer Zeit und in unseren Rahmenbedingungen von Gemeinde und Gesellschaft anzuwenden. Dabei ist interessant, dass ein Jüngerschaftsprogramm keine Konkurrenz zur Zellgruppenarbeit darstellt, aber doch eine wichtige Ergänzung ist.

Inhaltlich kann man sich dabei an verschiedenen Materialien und Büchern zu diesem Anliegen orientieren, oder auch eigene Themen ausarbeiten, wie z.B.:

- Biblische Grundlagen von Jüngerschaft
- Wer bzw. was hat mein Leben bisher geprägt?
- Das Vaterherz Gottes
- Temperament und Persönlichkeit
- Gaben und Berufung
- Lebensplanung - Zeitmanagement

➲ Seelsorge, Befreiung und Heilung

Jüngerschaft ist ein wichtiges Standbein in der Verantwortung einer Gemeinde, für Wachstum und geistlicher Reife ihrer Glieder. Seelsorge, inklusive Befreiung und Heilung das andere.

Seelsorge wendet sich dem ganzen, bedürftigen und auf Beziehung angelegten Menschen zu. Sie beginnt mit der Sorge Gottes für den Menschen (vgl. 1. Petrus 5,7) und leitet sich auch von ihr ab. Seelsorge ist gemeindeorientiert, und auch als spezielle Seelsorge in der Gemeinde verankert. Generelle wie spezielle Seelsorge fördert den Glauben und begleitet im Leben[63]. Dabei unterscheidet man die „spezielle" von der „generellen" Seelsorge.

Die spezielle Seelsorge ist als Glaubens- und Lebenshilfe schon von der Erwartung des Ratsuchenden her, zu Recht am Problem orientiert, arbeitet aber auch ermutigend, bzw. vermehrt ressourcenorientiert. Sie arbeitet eher punktuell, bzw. prozesshaft über eine gewisse Zeit, um den Ratsuchenden wiederum in die Eigenständigkeit zu entlassen. Hierbei sind Dienste wie z.B. SOZO (www.bethelsozo.de) eine große Hilfe und Unterstützung.

Die generelle Seelsorge kann als wechselseitige Seelsorge, auch im Rahmen von Jüngerschaftsprogrammen, langfristig und umfassend den Glauben fördern und im Leben begleiten. Dabei gilt für die Seelsorge im Allgemeinen:

„Eine postmoderne Seelsorge muss das ganze Leben des Menschen im Blick haben und immer wieder auf unterschiedliche Weise Hilfe zum Leben anbieten. Das ganze Leben: auch das Glück des Menschen, seine Gaben und Möglichkeiten, nicht nur seine Defizite, Leid, Schuld und Irrtum. Seelsorge muss für das komplizierte postmoderne Dasein zurüsten. Sie muss angesichts der vielen Optionen helfen, Entscheidungen zu treffen. Und sie muss angesichts der vielen Risiken Ressourcen erschließen, mit dem riskanten Leben klarzukommen.

---

[63] Zu Glaubensförderung und Lebensbegleitung, bzw. Glaubens- und Lebenshilfe. Die Unterscheidung von Glauben und Leben dient nur zur Orientierung in den Handlungsfeldern. Eine Aufspaltung sollte immer vermieden werden, denn Glauben und Leben sind untrennbar verbunden. Glaubensgespräche können nicht geführt werden ohne Lebensbezug, und stehen in seelsorgerlicher Perspektive immer in Beziehung zu Gott.

Wie wird der Mensch stark und gesund? Das ist präventiv zu fragen - Hilfe tut not, nicht erst, wenn das Kind »in den Brunnen gefallen ist«. Seelsorge ist darum lebenslange Begleitung zum gelingenden Leben, nicht nur Krisenmanagement. Immer wieder braucht der postmoderne Mensch Hilfen zur Orientierung: Wie führe ich eine gute Ehe? Wie ordne ich meine Zeit? Wie erziehe ich meine Kinder? Wie lasse ich Kinder los und öffne ihnen dennoch immer wieder die Tür? Wie bewältige ich Druck und Stress? Wie erhalte ich meine Gesundheit?"[64]

Wenn es um Programme geht ist demnach nicht die Frage, welche Veranstaltungen Sie für die Menschen innerhalb und außerhalb der Gemeinde anbieten, sondern auf welche Weise Sie den Menschen in Ihrer Gemeinde helfen, in ihrem Glauben zu wachsen und innerlich heil werden zu können.

Mein Tipp: Das geschieht in erster Linie durch ein an die Gemeindesituation angepasstes Jüngerschaftsprogramm, und einen breit angelegten Dienst der Seelsorge, Befreiung und Heilung.

Personal

➲ Leiter gewinnen und entwickeln

Die Grundlage dazu bildet eine Bibelstelle aus dem NT, in der es ganz konkret darum geht, Menschen in den Dienst einer christlichen Gemeinde zu nehmen.

Paulus schreibt dazu folgende Worte, in seinem Brief an seinen Mitarbeiter und geistlichen Sohn, Timotheus:

> *„Und was du von mir gehört hast vor vielen Zeugen, das befiehl treuen Menschen an, die tüchtig sind, auch andere zu lehren." (2. Timotheus 2,2)*

---

[64] Herbst, Michael: Postmoderne Lebensentwürfe, Ich-AG oder Beziehungs-GmbH? In: Psychotherapie und Seelsorge, Magazin der Akademie für Psychotherapie und Seelsorge, S. 7-8.

Daraus ergibt sich zunächst einmal eine grobe Strategie für die Gewinnung von Mitarbeitern in der Gemeinde. Im Handbuch für Gemeindeleitung ist dazu zu lesen: „Eine Gemeinde oder eine Organisation kann nur in dem Maß wachsen, wie sie ihre Leiterschaft vergrößert. Darum müssen wir Ausschau halten nach Timotheussen und Titussen, die wir für Leitungs- und Verantwortungsaufgaben nachziehen und anleiten können mit dem Ziel, dass sie von uns als Leiter unabhängig, aber von Gott ganz abhängig werden."[65]

Paulus Timotheus zuverlässige andere Menschen

Das heißt, wir sprechen hier von einem Prozess, den wir zur Gewinnung und Förderung von Mitarbeitern beschreiten können. Das nebenstehende Akrostichon habe ich beim Wiedenester Jugendforum (www.diejumis.de) gefunden. Es hat mir sehr gut gefallen, weil es ein Konzept zur Entwicklung von Leitern unterstützt, das ich in dem Buch von Forman Rowland, mit dem Titel „Den Leiterschaftsstab weitergeben", entdeckt habe. Seien Sie bitte so frei, mit mir gemeinsam durch diese beiden Konzepte zu gehen, um zu sehen, wo sie sich ergänzen und damit hilfreich für Ihre Gemeindearbeit werden könnten.

P	**ray** (bete)
R	**ealize** (realisiere)
O	**bserve** (beobachte)
C	**all** (berufe)
E	**xplain** (erkläre)
S	**ave** (sichere)
S	**ponsor** (fördere)

Wir beginnen mit „P", wie pray = bete. Beten ist immer gut, könnte man sagen. Aber was wird deutlich, wenn wir beten? Wir sehen einen Bedarf und wir wissen, dass wir ihn von uns aus nicht decken können. Das ist eine sehr gute Grundeinstellung, wenn wir im Gebet zu Gott kommen möchten. Und in Bezug auf die Gewinnung von Mitarbeitern können wir dabei dem Hinweis von Jesus aus Matthäus 9,36-38 folgen:

„Und als er das Volk sah, jammerte es ihn; denn sie waren verschmachtet und zerstreut wie die Schafe, die keinen Hirten haben. Da sprach er zu seinen Jüngern: Die Ernte ist groß, aber wenige sind der Arbeiter. Darum bittet den Herrn der Ernte, dass er Arbeiter in seine Ernte sende."

---

[65] Bosch, Roger: Handbuch für Leitungsaufgaben in Gemeinde und Beruf, S. 43.

Gebet scheint also ein Schlüssel zu sein. Deshalb wäre es sicher hilfreich, wenn Sie dieses Bewusstsein in Ihrer Gemeinde wecken könnten, statt z.b. Mitarbeitermangel zu beklagen. Um es umzusetzen können Sie z.b. bei Sitzungen einen festen Tagesordnungspunkt einrichten, mit dem Titel: „Gebet für Mitarbeiterinnen und Mitarbeiter".

In Bezug auf bestimmte Personen kann dies möglicherweise ein längerer Prozess sein, der ausgedehnte Gebetszeiten erfordert, so wie bei Jesus, als er die zwölf Jünger auswählte (vgl. Lukas 6,12), und eine Nacht davor durch betete. Oder es kann auch eine eher spontane Erkenntnis sein, so wie bei Barnabas, der sich für den neu bekehrten Saulus einsetzte (vgl. Apostelgeschichte 9,27).

Als Nächstes geht es um „R", wie „realize", also darum, dass wir realisieren, dass die Menschen um uns herum göttliches Potential haben, und dass wir dies auch wahrnehmen. Wer für die Gewinnung von Mitarbeitern

bzw. den Nachwuchs von Leitern in der Gemeinde verantwortlich ist, muss ein regelrechter Detektiv sein.

Ähnlich wie es in Sportvereinen der Fall ist, muss er ständig auf Talentsuche sein. Wichtig ist, dass bei dieser Talentsuche alle beteiligt sind, die eine Kleingruppe oder einen Dienstbereich leiten oder Älteste oder in der Gemeindeleitung sind. Alle müssen immer nach Menschen Ausschau halten, die dienstbereit sind. Daraus könnte im Leitungskreis z.B. eine Liste von den Menschen erstellt werden, die das Potential in Sachen Leiterschaft haben. Vorteil solch einer Liste ist, dass ganz konkret geplant werden kann, wer, von wem, in welcher Weise „umbetet" und begleitet werden kann, damit jeder in seinem Potential gefördert wird, das Gott in ihn hineingelegt hat.

Fred Smith hat in seinem Buch „Spotting a New Leader" zehn Kennzeichen aufgeschrieben, an denen man das Potential künftiger Leiter erkennen kann:[66]

---

[66] Vgl. Smith, Fred: Spotting a New Leader, in Rowland, Forman: Den Leiterschaftsstab weitergeben, S. 104.

1. Leiterschaft in der Vergangenheit (die Person hat bereits in anderen Bereichen gezeigt, dass sie leiten kann)

2. Die Fähigkeit, eine Vision zu entwickeln oder sich von ihr anstecken zu lassen (die Augen leuchten, wenn über die Zukunft gesprochen wird)

3. Ein konstruktiver Geist der Unzufriedenheit (er findet konstruktive Lösungen, um Situationen besser zu gestalten)

4. Praktische Ideen (er erkennt, ob etwas funktionieren wird)

5. Die Bereitschaft, Verantwortung zu übernehmen (er geht voran, wenn sich die Gelegenheit dazu bietet)

6. Der Erledigungsfaktor (wenn Arbeit ansteht, wird sie sofort erledigt)

7. Mentale Belastbarkeit (niemand kann führen, der nicht Kritik einstecken kann)

8. Respekt vor Gleichgestellten (das zeigt nicht unbedingt die Fähigkeit, aber es kann den Charakter zeigen)

9. Respekt in der Familie (respektiert ihn die eigene Familie?)

10. Eine Eigenschaft, die die Leute dazu bringt, zuzuhören (wenn er spricht, hört jeder zu)

Wir sind immer noch im Bereich der Talentsuche, zu der auch „O", wie „observe" = beobachten gehört. Das heißt, wir gehen beim Potential noch einen Schritt tiefer und schauen auch auf die fachliche, geistliche und menschliche Einstellung einer Person.

Dabei geht es nie darum, den Menschen auszuspionieren, um etwas gegen ihn in der Hand zu haben, sondern es geht immer um Förderung des vorhandenen Potentials. Und es geht um geistliche Einstellungen, die eine wichtige Voraussetzung sind, wenn es um mögliche zukünftige Leitungstätigkeiten geht.

Der Charakter ist sehr wichtig, wenn es um die Zusammenarbeit im Team geht, oder wenn ein Mitarbeiter mit einzelnen Menschen zusammenarbeiten muss. Nach guter Beobachtung wird unter den Verantwortlichen beraten und im besten Fall der Entschluss gefasst, diese Person für eine bestimmte Aufgabe zu berufen, die den Leib Christi stärken soll.

Und dazu möchte ich Sie jetzt ein wenig ins Nachdenken bringen, indem Sie an dieser Stelle einen Fragebogen[67] ausfüllen können, der normalerweise dazu verwendet wird, andere zu beurteilen. Dazu sollten Sie sich die notwendige Zeit nehmen, um die Fragen zu lesen und möglichst zu beantworten. Fragen, die nicht auf Ihre Situation zutreffen, überspringen Sie bitte einfach. Es geht darum, sich diese Fragen persönlich zu stellen, um später vielleicht einmal daran weiter zu denken.

Ich halte diesen Fragebogen für ein gutes Werkzeug, nicht um Menschen festzulegen, sondern als Hilfe, um Menschen besser einschätzen zu können. Wir können es uns an dieser Stelle nicht leisten, nachlässig zu sein. Viel zu viel Schaden wurde in der Gemeinde Jesu schon dadurch angerichtet, dass unreife Nachfolger Jesu in Leitungspositionen gehoben wurden. Nehmen Sie sich deshalb immer die dafür notwendige Zeit (vgl. 1. Timotheus 3,1-13).

Als nächsten Buchstaben geht es um C, wie „call" = berufen, nach dem Prinzip von Vorbild und nachahmen. Jesus selbst hatte seine Jünger berufen und zog mit ihnen durch die Lande. Sie sahen, wie er es machte, und lernten durch sein Vorbild und Nachahmen. Dass das so gewesen sein muss, können Sie z.B. aus Matthäus 10,1 schließen:

> *„Und er rief seine zwölf Jünger zu sich und gab ihnen Macht über die unreinen Geister, dass sie die austrieben und heilten alle Krankheiten und alle Gebrechen."*

Oder denken wir z.B. an den Apostel Paulus, der Folgendes zu den Christen in Korinth sagte:

> *„Folgt meinem Beispiel wie ich dem Beispiel Christi!"*
>
> *(1. Korinther 11,1)*

Seinem Mitarbeiter Timotheus schrieb er:

> *„Niemand verachte dich wegen deiner Jugend; du aber sei den Gläubigen ein Vorbild im Wort, im Wandel, in der Liebe, im Glauben, in der Reinheit." (1. Timotheus 4,12)*

Oder in seinem zweiten Brief an Timotheus schrieb er:

---

[67] Siehe Anlage 4: Kriterien für den „Reifegrad" eines Christen.

„Du aber bist mir gefolgt in der Lehre, im Leben, im Streben, im Glauben, in der Langmut, in der Liebe, in der Geduld, in den Verfolgungen, in den Leiden, die mir widerfahren sind in Antiochia, in Ikonion, in Lystra. Welche Verfolgungen ertrug ich da! Und aus allen hat mich der Herr erlöst." (2. Timotheus 3,10-11)

Ein Leben in der Nachahmung war das Herzstück der Ausbildungsmethode von Paulus. Die Autorin und Rednerin Ruth Barton sagt, dass „das Leiterschafts-Ausbildungsprogramm von Paulus überhaupt kein Programm war; es bestand aus einer Beziehung, in der er sein Leben für diejenigen öffnete, denen er gerade half"[68].

Und dennoch war es sehr konkret, denn es erfolgte immer eine konkrete Berufung in den Dienst, wo auch immer es war und um was es auch immer ging. Das heißt für uns heute, dass auch wir unsere Mitarbeiter nicht zwischen „Tür und Angel" berufen sollten. Man könnte den zukünftigen Mitarbeiter z.B. zu einer Tasse Kaffee einladen und es dabei besprechen. Nach meiner Erfahrung ist es gut, wenn Berufung und Einsetzung von Mitarbeitern einen offiziellen Charakter haben, auch wenn man es sicher nicht zu hoch hängen darf.

Ein Mitarbeiter fühlt sich jedoch wertgeschätzt, wenn Sie sich für ihn Zeit nehmen. Das sollten Sie für die Atmosphäre zukünftiger Zusammenarbeit nicht unterschätzen. Und es geht ja auch nicht um irgendetwas, sondern darum, einem Mitarbeiter zu zeigen, womit er seine Zeit ewigkeitsnachhaltig verbringen könnte.

Bei der Gewinnung bzw. Berufung von Mitarbeitern können wir in aller Regel von mindestens drei verschiedenen Typen ausgehen, was ihren Grad an Bereitschaft zur Mitarbeit angeht. Wobei der dritte Typ eigentlich nicht aktivierbar ist:

Typ 1: Die Aktiv-Ansprechbaren (AA-Typen):
Diese Menschen suchen sich aktiv Arbeit in der Gemeinde. Sie sehen selbst die Arbeit und packen an. Oder sie werden auf eine Mitarbeit angesprochen und sagen zu. Diese „AA-Typen" sind Menschen, die gerne zugreifen und auf Aufrufe reagieren.

---

[68] Barton, Ruth, in Rowland, Forman: Den Leiterschaftsstab weitergeben, S. 106.

Solche Menschen neigen aber auch dazu, sich ständig ange-sprochen zu fühlen. D.h. sie müssen aufpassen, dass sie nicht zu viel machen. Im Ganzen könnten etwa 25% der potenziellen Mitarbeiter einer Gemeinde solche „AA-Typen sein". Durch eine offizielle Berufung bekommen diese Mitarbeiter Grenzen und Sicherheit.

Typ 2: Die Reaktiv-Ansprechbaren (RA-Typen):
Diese Menschen wollen konkret angesprochen werden. Sie setzen sich mit einer Anfrage auseinander, aber erst dann, wenn sie wirklich an sie gerichtet ist. Allgemeine Aufrufe zur Mitarbeit beziehen sie nicht auf sich. Sie sehen nicht unbedingt immer die Notwendigkeit zur Mitarbeit, oder bringen sie nicht mit ihrer Person in Verbindung. Solche Personen müssen also kon-kret angefragt werden, weil sie reaktiv handeln. Sie wollen wis-sen, was von ihnen konkret erwartet wird. Vermutlich sind ca. 60%-70% der potenziellen Mitarbeiter einer Gemeinde solche „RA-Typen".

Typ 3: Die Nichtaktivierbaren (NA-Typen):
In jeder Gemeinde gibt es Menschen, die krank, alt oder einfach von ihrer momentanen Lebenssituation nicht in der Lage sind, mitzuarbeiten. Vielleicht gibt es hier und da auch ein paar „Un-willige". Aber das ist eher selten der Fall.

Da es in der Gemeinde nach meiner Wahrnehmung viele Leute gibt, die reaktiv sind, müssen die Verantwortlichen diese Leute durch konkre-te Berufungen aktivieren. Wie weiter oben angedeutet hilft es nicht viel, diese „RA-Typen" durch allgemeine „Altarrufe" im Rahmen der Informa-tionen bei der Gottesdienst-Moderation zu gewinnen.

Wenn Sie ein Projekt oder den Ausbau eines Bereichs der Gemein-de vor Augen haben, sollten Sie deshalb konkret werden und bestimmte Menschen ganz konkret ansprechen. Sie werden viel mehr Reaktionen und aktive Mitarbeiter haben, als wenn Sie nur sehr allgemein zu etwas aufrufen.

Diese Berufung sollte dann aber auch einen konkreten Rahmen ha-ben, damit ein potenzieller Mitarbeiter auch weiß, worauf er sich zukünf-tig einlassen wird.

Ein konkreter Rahmen bedeutet auch, dass Sie der Person, die Sie berufen möchten, ein klares Bild davon vermitteln, welche Aufgabe auf sie zukommen wird. Das gehört in unserem Prozess zu „E", wie „explain" = erkläre. Nach dem Vorbild des D.I.E.N.S.T.-Programmes sollte in diesem Zusammenhang generell mit konkreten Aufgabenbeschreibungen gearbeitet werden.

Darauf sind im besten Fall alle notwendigen Informationen enthalten, damit sich potenzielle Mitarbeiter realistisch mit einer möglichen, zukünftigen Aufgabe auseinandersetzen können. Sie können auf diese Weise auch eine von Herzen kommende Entscheidung treffen, was in unserem Prozess zum Bereich „S", wie „save" gehört.

Für die letzten beiden Ringe aus dem Buch „Den Leiterschaftsstab weitergeben" (Mitwirken/Coach und Loslassen/Teamplayer) gibt es im Akrostichon PROCESS den Überbegriff „S", wie „sponsor" = fördern - unterstützen.

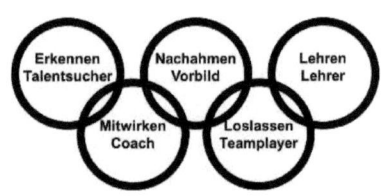

Ich erlebe es immer wieder, dass es in Gemeinden zwar Menschen gibt, die bereit sind Leitungsaufgaben zu übernehmen, dass ihnen aber das nötige Rüstzeug dazu fehlt. Manchen sogar in allen Bereichen: Bei Charakter, geistlicher Reife und fachlicher Kompetenz. Es ist für mich immer wieder erstaunlich, dass Mitarbeiter und Leiter so tun, als bräuchten sie für die Mitarbeit in einer Gemeinde, auch in Bezug auf die Leitung, keine Ausbildung bzw. keine Kompetenzen. Dass dies jedoch ein Trugschluss ist merkt man spätestens dann, wenn Konflikte und Chaos in der Gemeinde herrschen und diesem keiner adäquat begegnen kann.

Dann ist es aber meist schon „kurz vor 12"! Um dem vorzubeugen, können Sie mittelfristig eine Förderungs-Kultur aufbauen, die hilft das Kind zu retten, bevor es in den Brunnen gefallen ist. Das ist zwar harte Arbeit, denn eine Kultur gezielt zu etablieren, ist in einer Gemeinde nicht so einfach. Aber auf Dauer lohnt es sich.

Ich nenne ein paar Beispiele: Sie könnten z.B. eine Feedback- und Rechenschafts-Kultur aufbauen. Dadurch würde es mit der Zeit normal sein, dass sich Mitarbeiter im Anschluss an Aktionen und Events konkretes und konstruktives Feedback geben. Oder dass es erlaubt ist, andere Mitarbeiter oder auch die Leiter der Gemeinde zu hinterfragen, ohne dass es gleich einen „Sturm im Wasserglas" gibt.

Sie könnten auch eine Schulungs-Kultur aufbauen, bei der es normal ist, dass in der Gemeinde Schulungen angeboten werden und die Mitarbeiter daran teilnehmen. Oder dass Sie als Gemeinde generell einen Teil der Kosten für externe Schulungen übernehmen oder gemeinsam auf inspirierende Konferenzen gehen, usw.

Sie könnten auch versuchen, eine Lese-Kultur aufzubauen, zu der es gehört, dass Mitarbeiter bestimmte Bücher lesen, oder sich von Zeitschriften inspirieren lassen, die z.b. von der Gemeinde speziell zu diesem Zweck abonniert werden.

Auf Dauer sollte es normal werden, dass sich auch die Glieder christlicher Gemeinden dem lebenslangen Lernen nicht verschließen. Abgesehen davon steht es einer Gemeinde immer gut zu Gesicht, wenn sie nicht nur viele Mitarbeiter hat, sondern wenn diese auch kompetent sind in dem, was sie tun.

➲ K5 Kompetenzmodell

Das ist auch ein Punkt, an dem z.B. das sogenannte „K5 Kompetenzmodell" ansetzt. Auf der Website des Forums Wiedenest ist dazu Folgendes zu lesen[69]:

„Und David sorgte für sie mit redlichem Herzen, er leitete sie mit kluger Hand." (Psalm 78,72)

Nach vielen Jahren Ausbildung und Coaching von verantwortlichen Leitern haben wir das K5-Kompetenzmodell für christliche Verantwortungsträger entwickelt. Wir sind der Überzeugung, dass gesunde Leiter in den folgenden fünf Bereichen von Leiterschaft wachsen:

---

[69]   Quelle: www.wiedenest.de/gemeindebauleitung/k5-leitertraining.

(1) Das Wurzelwerk - meine Beziehung zu Gott:

In enger Verbindung mit Gott leben und leiten und damit die beste Voraussetzung für persönliche Entwicklung und gesundes Gemeindewachstum schaffen.

(2) Der Stamm - mein Charakter:

Form- und lernbar sein, und einen starken Charakter entwickeln, um auch in herausfordernden Zeiten sicher führen zu können.

(3) Starke Äste - Selbstkompetenz:

Sich selbst aktiv führen und Kompetenzen in Zeit- und Lebensplanung und Selbstorganisation aneignen, um andere führen zu können.

(4) Zweige - Führungskompetenz:

Sich Kompetenzen aneignen, um Menschen wertschätzend und kompetent leiten und dadurch positiven Einfluss auf andere ausüben zu können.

(5) Blätter - Fachkompetenz:

Sich Werkzeuge aneignen, um komplexe Führungsaufgaben eigenverantwortlich und zielgerichtet lösen zu können.

Etwas näher beschrieben wird dieses Kompetenzmodell im Folgenden aus dem Buch von Artur Siegert[70], der auch der Erfinder und Leiter des K5-Leitertrainings[71] ist:

Obwohl der Begriff „Kompetenz" streng genommen die beiden ersten Lernbereiche für Einflussnehmer nicht richtig beschreibt, benutze ich ihn gern, um mit nur einem Buchstaben und nur einer Ziffer (K5, wobei das K für Kompetenz steht) die fünf wesentlichen Lernbereiche eines gesunden Einflussnehmers zusammenzufassen.

Das Bild vom Baum verdeutlicht dabei drei wichtige Prinzipien:

---

[70] Vgl. Siegert, Artur: Die Kunst des Einfluss nehmens, S. 91-101 (Kindle).

[71] Website: https://k5-leitertraining.de.

1. <u>Das Prinzip der Ganzheitlichkeit:</u> Für eine reiche Ernte braucht ein Obstbaum alles: die Wurzeln, den Stamm, dicke Äste, dünnere Zweige und Blätter. Wer sich zu einseitig auf einen der fünf Kompetenzbereiche fixiert, indem er zum Beispiel seine Fachkompetenz erweitert, aber seine Charakterentwicklung schleifen lässt, wird vergeblich auf die Frucht seiner Arbeit warten. Und wenn sich dennoch Frucht beziehungsweise Erfolg im Leben einer charakterschwachen Person einstellen sollte, wird sie in der Regel über den eigenen Charakter stolpern. Das Bild vom Baum hilft, Einseitigkeit zu vermeiden und einen ausgewogenen Entwicklungsplan zu verfolgen.

2. <u>Das Prinzip der Priorität:</u> Typischerweise konzentrieren wir uns auf Sichtbares und Kurzfristiges. Der Baum hilft, zu verstehen, dass die Wurzeln (Gottesbeziehung) das entscheidende Kriterium für die Gesundheit des Baumes sind. Der emporsteigende Stamm (Charakter) trägt die Äste und Zweige und ist damit wichtiger als die drei übrigen Kompetenzen.

3. <u>Das Prinzip des Erfolgs:</u> Damit am Ende Frucht wachsen kann, braucht es einen gesunden Baum mit kräftigen Wurzeln, einen starken Stamm sowie die nötigen Äste, Zweige und Blätter, denn nur was gesund ist, wächst. Die äußeren Umstände können für Rückschläge sorgen wie ein Frost zur Zeit der Obstblüte. Aber der Apfel oder die Kirsche wachsen von allein, wenn alles andere stimmt. Wir müssen uns nicht um Erfolg bemühen, sondern um die Gesundheit des Baumes. Dasselbe gilt für uns: Wir müssen keine Frucht schaffen, aber wir dürfen uns um eine gesunde Entwicklung unserer Kompetenzen bemühen. Dann stellt sich Frucht „von alleine" ein.

Kompetenzfeld 1 (Wurzelwerk): Gottesbeziehung vertiefen

Die Wurzeln stehen bildlich für die Beziehung zu Gott oder, etwas weiter gefasst, für alle Bereiche, die etwas mit Ihnen als Einflussnehmer und unserem großen Gott zu tun haben: Ihre Liebe zu ihm, Ihr Vertrauen in seine Kraft und wie Ihr Glaube gestärkt werden kann, Ihr Gehorsam gegenüber Gott und seinem Wort, seine Liebe zu Ihnen, sein Reden auf vielfältige Weise und wie Sie „Gottes Stimme" hören lernen, seine Gedanken über Sie, Ihre Versuchungen und wie Sie mit Gottes Hilfe Abwehrkräfte entwickeln und Versuchungen überwinden können.

Ihre Beziehung zu Gott und alles, was damit zu tun hat, ist für andere nicht immer sofort sichtbar, so wie die Wurzeln eines Baumes für uns nicht sichtbar sind. Gleichzeitig ist dieser Kompetenzbereich aber der entscheidende, von dem wirklich vieles oder vielleicht auch alles andere abhängt. Ob am Ende gesunde Frucht an diesem Baum wachsen kann, also ob jemand guten Einfluss auf andere hat oder nicht, hängt zuallererst damit zusammen, ob er gesunde Wurzeln hat.

Auch darüber, ob dieser Baum dem nächsten Sturm standhalten kann, entscheiden die Wurzeln. Wenn sie tief gegründet sind, droht dem Baum keine Gefahr, wenn sie nur oberflächlich sind, kann es sein, dass der Baum schon beim nächsten Windstoß fällt und nur noch für Brennholz zu gebrauchen ist.

Ähnlich verhält es sich mit uns als Einflussnehmern. Wenn unsere Wurzeln, die Beziehung zu Gott, keinen Tiefgang haben, laufen wir Gefahr, bei der nächsten Herausforderung oder Krise „umzufallen" und aufzugeben. Wenn man so etwas wie einen Gradmesser für die Reife dieses Kompetenzbereichs entwickeln wollte, wäre die Frage nach der Identität hilfreich: Wer bin ich?

Die Antwort, die Sie auf diese Frage geben, sagt viel über Ihr Wurzelwerk aus. Eine gesunde Identität in Jesus ist so etwas wie der Lackmustest für die Gesundheit unseres „Wurzelwerks". Die Identität hat eine große Auswirkung auf so ziemlich alle wichtigen Bereiche des Lebens:

- Ihre Identität bestimmt Ihr Denken (über Sie selbst, andere, Ihren Dienst oder Ihre Arbeit).

- Ihre Identität bestimmt Ihr Verhalten (Ihnen selbst und anderen gegenüber).

- Ihre Identität gibt Auskunft über Ihre Überzeugungen und Werte.

- Ihre Identität bestimmt Ihr ALLES!

Wer seine Verwurzelung in Gott gefunden hat, ist klar im Vorteil. Er hat eine ideale Ausgangslage für gesundes Wachstum und viel Einfluss.

Kompetenzfeld 2 (Stamm): Charakter reifen lassen

Der Baumstamm, der alle Äste, Zweige, Blätter und Früchte trägt, steht bildlich für Ihren Charakter. Nur ein starker Stamm kann einen reichen Ertrag ermöglichen. Es geht dabei nicht um Ihr Temperament, also nicht darum, ob Sie eher extrovertiert oder

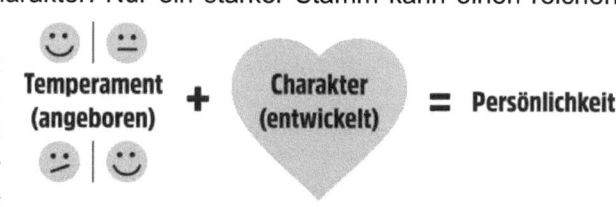

introvertiert sind, ob Sie den Abend lieber nur mit einem Freund oder einer Freundin verbringen oder gleich Ihre ganze Fußballmannschaft dazu einladen. Vielleicht hilft es, wenn man die Persönlichkeit als Summe des Charakters und des Temperaments versteht.

Beim Charakter geht es nicht darum, ob Sie leise oder laut sind, schnell oder langsam (aber dafür möglicherweise gründlich), sondern darum, ob Sie großzügig oder geizig sind, verbindlich oder unzuverlässig, ein hochmütiger Besserwisser oder ein demütiger Lernender, ob man sich auf Sie verlassen kann oder ob man verlassen ist, wenn man Ihnen vertraut.

Gute Charaktereigenschaften helfen, die nötige Stärke für eine reiche Ernte aufzubringen und nicht einzuknicken. Hierbei geht es mir wie bei der Beziehung zu Gott nicht darum, dass wir die Inhalte kennen, sondern darum, dass wir sie verstehen und leben, denn nur das macht einen gewaltigen Unterschied für uns und für alle anderen.

Ohne Charakter gibt es keinen Einfluss, sondern nur die Ausübung von Macht oder Manipulation. Einem charakterstarken Menschen (der zum Beispiel großzügig oder lernbereit oder zuverlässig ist) folgen die Menschen dagegen freiwillig. Die Stärke dieses Kompetenzfeldes lässt sich mit folgender Frage ermitteln: Wem wollen Sie gefallen?

Das ist für mich die zweitwichtigste Frage des Lebens. Wenn es uns bei der ersten Frage (Wurzelfrage) gelingt, zu erkennen, wer wir sind und warum wir das sind (Kinder Gottes, weil Gott uns liebt, aus reiner Gnade), dann werden wir auf diese zweite Frage antworten, dass wir Gott gefallen wollen. Natürlich kann kein Mensch dieses hohe Ziel stets erfüllen, aber grundsätzlich wollen charakterstarke Christen Gottes Liebe immer mehr erwidern und ihm gefallen, freiwillig und aus einem leidenschaftlichen Herzen heraus.

Menschen mit schwachem Charakter neigen dagegen dazu, es vielen oder allen recht machen zu wollen, und vergessen dabei, dass es vor allen Dingen darauf ankommt, Gott zu gefallen. Wer es allen recht machen möchte, ist charakterschwach, weil er unsicher ist und Anerkennung braucht, statt anderen Anerkennung zu geben.

Kompetenzfeld 3 (Äste): Selbstkompetenz stärken

Wer andere führen möchte oder zumindest einen guten Einfluss auf andere haben möchte, muss bei sich selbst anfangen. Nur wer die Verantwortung übernimmt, sich selbst zu leiten, hat ein Recht, darüber nachzudenken, wie er Menschen führen kann.

Selbstkompetenz bedeutet ganz allgemein, mit sich selbst umgehen zu können, mit seinen Stärken und Fähigkeiten, seinen Defiziten, dem Umgang mit der Zeit, Verantwortung für sein Handeln zu übernehmen, einen Plan für seine persönliche Entwicklung zu erstellen, einen Lebensplan zu entwerfen oder zumindest mal den Tag effektiv zu planen.

Im Gegensatz zum Charakter, wo es um Einstellungen wie Kritikfähigkeit und Pflichtbewusstsein geht, geht es hier mehr um Methodenkompetenz, wie Techniken der Selbstreflexion, Planungsmanagement, Kreativitätstechniken. Wollte ich mit einer einzigen Frage herausfinden, wie stark jemand in der Selbstkompetenz ist, würde ich folgende wählen: Wozu sind Sie berufen?

Die Antwort darauf gibt Auskunft darüber, wie sehr ein Mensch bereits seine Stärken kennt und in diesem Bereich engagiert ist. Menschen, die ihre Berufung leben - egal ob als freundlicher Postbote oder als mitreißender Stadionsprecher, haben die beste Voraussetzung für eine hohe Selbstkompetenz und einen großen Einfluss auf andere.

Wer die grundlegende Frage nach der Bestimmung oder dem Lebenssinn nicht beantworten kann, hat die beste Voraussetzung, ein gestresster Mensch zu werden, der auf der Suche nach Erfüllung ist. Wer jedoch Einfluss haben oder nehmen möchte, darf damit anfangen, seinen Lebenssinn oder Lebenszweck oder - noch konkreter - seine Berufung zu entdecken.

Kompetenzfeld 4 (Zweige): Führungskompetenz entwickeln

Der vierte Kompetenzbereich offenbart, dass das K5-Konzept von mir ursprünglich für ein dreijähriges Leitertraining entwickelt wurde. Trotzdem passt es ausgezeichnet für Einflussnehmer generell, denn genau genommen führt beziehungsweise leitet jeder, der Einfluss auf andere hat, manchmal unbewusst, manchmal aktiv und gewollt.

Bei der Führungskompetenz geht es im Wesentlichen um andere Menschen. Was können Sie tun, um das Vertrauen von anderen zu gewinnen? Was können Sie tun, um andere in ihrer Entwicklung zu fördern? Welche Menschen brauchen Sie in Ihrem Umfeld, die Sie mit ihren Stärken ergänzen und unterstützen? Welchen Beitrag können Sie leisten, damit andere ihren Dienst oder ihre Aufgabe motiviert gestalten können? Diese und weitere Themen beinhaltet der vierte Kompetenzbereich.

Wenn ich heute ein Konzept für die Förderung von Einflussnehmern entwickeln würde, dann würde ich sehr gründlich darüber nachdenken, ob ich diesen Kompetenzbereich nicht eher „Jünger-macher-Kompetenz" nennen würde (jedenfalls inhaltlich). Doch egal welche Bezeichnung man wählt, inhaltlich geht es darum, sich Werkzeuge anzueignen, wie man andere Menschen fördern und auf ihrem Weg begleiten kann in Bezug auf ihre Beziehung zu Gott, ihr Potenzial oder etwas anderes.

Beim Jünger machen geht es immer darum, wie man anderen helfen kann, dass sie Gott besser kennenlernen, dass sich ihr Denken und Leben immer mehr verändert und dem von Jesus ähnlich wird, und nicht zuletzt, dass sie selbst zu Multiplikatoren, Einflussnehmern oder Jüngermachern werden.

Für eine Selbsteinschätzung dieses Kompetenzbereichs empfehle ich die folgende Frage: Haben Sie Menschen in Ihrem Umfeld, die gern von Ihnen lernen und durch Sie Entwicklung erleben?

Die Antwort entscheidet über die Stärke dieser Kompetenz. Kompetent führen oder „Jünger machen" kann nur derjenige, der freiwillige „Schüler" hat. Das hat neben den ersten beiden Kompetenzbereichen auch mit Techniken und Methoden zu tun.

Wer andere durch Zwang, zum Beispiel indem er sie antreibt, oder durch Belohnungen und Versprechungen dazu „motiviert", etwas zu tun, hat in diesem Bereich großen Nachholbedarf. Sicherlich hat diese Form in bestimmten Situationen ihre Berechtigung. In Krisen, wie bei einem Feuerwehreinsatz, muss oft schnell gehandelt werden und es bleibt nicht viel Zeit für Diskussionen und Verhandlungen. Die hierarchische Form hat aber ganz klare Begrenzungen.

In der Regel muss man, gerade beim Ehrenamt, einen Weg finden, wie Menschen freiwillig über einen längeren Zeitraum etwas tun, wovon sie selbst zutiefst überzeugt sind. Damit diese Form von Einfluss möglich wird, braucht der Einflussnehmer bestimmte Qualitäten. Die edelste Form ist, wenn Menschen einem Einflussnehmer gern folgen. Jesus hat diese Art von Einflussnahme gelebt. Jesus ermutigte seine Jünger, zwang sie aber nicht. So fragte er beispielsweise: „Werdet ihr auch weggehen?" (Johannes 6,67).

Gesunder Einfluss verlangt immer eine freiwillige Entscheidung von Nachfolgern, die der Einfluss nehmenden Person das Recht gewähren, Einfluss auf sie auszuüben. Wenn Menschen keine Führungskompetenzen aufweisen, aber aufgrund ihrer Position eine Führungsrolle innehaben, werden (besonders ehrenamtliche) Mitarbeiter so schnell wie möglich wieder ausbrechen, um sich dem Einfluss nicht aussetzen zu müssen. Jesus selbst bezeichnet seine Jünger als Freunde, denn er will freiwillige Nachfolger und keine bloßen Diener (vgl. Johannes 15,12-14).

Kompetenzfeld 5 (Blätter): Fachkompetenz erweitern

Ohne Fachkompetenzen kommen wir als Einflussnehmer nicht ans Ziel. Natürlich sind die Wurzeln das Entscheidende, aber ein Jugendpastor, der keine Ahnung hat, wie man einen Gottesdienst für die junge Zielgruppe gestaltet, hat ein Problem. Eine Hauskreisleiterin, die keine Idee hat, wie man Fragen stellt, die zum Nachdenken und Mitreden anregen, wird in Schwierigkeiten geraten.

Weil jeder von uns einen eigenen Interessenbereich und einen individuellen Aufgabenbereich hat, ist es schwierig, Fachkompetenz hier genauer zu beschreiben. Eine Personalerin sollte unter anderem Fachfrau für Onboarding sein, ein Florist Kenntnisse über Arten und Pflege der Pflanzen haben, und so weiter.

Einige Themen scheinen mir allerdings für alle Einflussnehmer unabhängig von ihrer Berufung wichtig zu sein, zum Beispiel Netzwerke oder Innovation. Das sind Themen, über die gerade Christen zu wenig reden oder zu wenig unterrichtet werden, obwohl sie enorm wichtig für Einflussnehmer sind. Für eine Selbsteinschätzung Ihrer Fachkompetenz schlage ich folgende Frage vor: Was sind Ihre drei wichtigsten Aufgaben in Ihrem Einflussbereich?

Sie können diese Frage auf Ihr Engagement in der Kirchengemeinde, egal ob ehrenamtlich oder beruflich, auf Ihren Einsatz im Verein oder auf Ihren Beruf anwenden. Wenn Sie wissen, was die wichtigsten Aufgaben sind, dann wissen Sie auch, wie Sie am besten zu Ihrem Ziel kommen.

Umsetzung

Es war mitten in einer Nacht, im August 2015. Um ca. 1:00 Uhr in der Nacht wachte ich auf, und es trieb mich ein Gedanke um, der für mich noch relativ wenig besetzt war:

„Die Gemeinde kommt immer nur so weit,
wie ihre Leiter bereits sind!"

Eigentlich wollte ich mich wieder umdrehen und weiterschlafen, aber eine leise Stimme mahnte mich, aufzustehen, um aufzuschreiben, was Gott seiner Gemeinde zu diesem Thema sagen möchte. Sieben Fragen „hörte" ich in jener Nacht, die obige These erläutern sollen:

(1) Wie sehen Sie sich als Leitungsteam?

Ich bin der festen Überzeugung, dass Gott immer darauf bedacht ist, dass er für jede Phase oder Zeit, in der sich eine Gemeinde befindet, genau das passende Team mit den passenden Leitern zusammenstellt. Dazu zwei Bibelstellen:

„Wie ist es denn nun, liebe Brüder? Wenn ihr zusammen-kommt, so hat ein jeder einen Psalm, er hat eine Lehre, er hat eine Offenbarung, er hat eine Zungenrede, er hat eine Auslegung. Lasst es alles geschehen zur Erbauung!"

(1. Korinther 14,26)

Das heißt nicht, dass einer dies hat und ein anderer jenes, sondern dass jeder Einzelne alles für die Arbeit Notwendige beizutragen hat, wenn Sie als Team zusammenkommen. Und alles soll zur Erbauung sowohl des Teams als auch der Gemeinde dienen.

„Denn wie der Leib einer ist und doch viele Glieder hat, alle Glieder des Leibes aber, obwohl sie viele sind, doch ein Leib sind: so auch Christus. Denn wir sind durch einen Geist alle zu einem Leib getauft, wir seien Juden oder Griechen, Sklaven oder Freie, und sind alle mit einem Geist getränkt. Denn auch der Leib ist nicht ein Glied, son-dern viele. Wenn aber der Fuß spräche: Ich bin keine Hand, darum bin ich nicht Glied des Leibes, sollte er des-halb nicht Glied des Leibes sein? Und wenn das Ohr sprä-

che: Ich bin kein Auge, darum bin ich nicht Glied des Leibes, sollte es deshalb nicht Glied des Leibes sein? Wenn der ganze Leib Auge wäre, wo bliebe das Gehör? Wenn er ganz Gehör wäre, wo bliebe der Geruch? Nun aber hat Gott die Glieder eingesetzt, ein jedes von ihnen im Leib, so wie er gewollt hat." (1. Korinther 12,12-18)

Gott setzt seine Kinder an der Stelle im Leib Christi ein, die er für richtig hält. Und das heißt für mich auch, dass Sie in Ihrem Team - für den momentanen Zeitpunkt - genau richtig zusammengesetzt sind. Jeder ist in Ihrem Team, weil er dort sein soll. Dementsprechend kann jeder - von Gott - für diese Gemeinde fruchtbar werden. Der Apostel Paulus schreibt dazu in Epheser 2,8-10:

„Denn aus Gnade seid ihr selig geworden durch Glauben, und das nicht aus euch: Gottes Gabe ist es, nicht aus Werken, damit sich nicht jemand rühme. Denn wir sind sein Werk, geschaffen in Christus Jesus zu guten Werken, die Gott zuvor bereitet hat, dass wir darin wandeln sollen".

Natürlich sieht es von außen oft so aus, als ob Menschen ihre Hände so sehr im Spiel hätten, dass manches einfach nicht mehr funktionieren kann. Wenn Sie allerdings anfangen, sich als von Gott platziert zu sehen, verändert dies alles. Und Sie können anfangen herauszufinden, was Ihre spezielle Aufgabe in diesem Team ist. Es kann eine sehr spannende Angelegenheit sein, darüber einmal als Team in Klausur zu gehen. Ich habe dies schon mit Teams gemacht. Wenn Menschen erkennen, dass sie von Gott eingesetzt und gewollt sind, setzt dies Energien frei, mit denen keiner vorher gerechnet hat. Also, fragen Sie sich: „Wie sehen wir uns als Leitungsteam?"

(2) Wie stehen Sie zueinander?

Gott segnete Adam und Eva im Paradies, und sagte zu ihnen: *„Seid fruchtbar und mehret euch und füllet die Erde und machet sie euch untertan und herrschet"* (1. Mose 1,28). Dieser Auftrag zu herrschen galt allen Menschen. Wenn Sie nun ins NT der Bibel schauen werden Sie feststellen, dass sich dies für die Nachfolger Jesu nicht verändert hat:

„Denn wenn wegen der Sünde des Einen der Tod geherrscht hat durch den Einen, um wie viel mehr werden die,

*welche die Fülle der Gnade und der Gabe der Gerechtig-
keit empfangen, herrschen im Leben durch den Einen, Jesus Christus."* (Römer 5,17)

„Herrschen im Leben", nicht erst, wenn Sie tot sind! Und mit welchem Status sollen Sie das z.B. in einem Leitungsteam tun? In Offenbarung 1,5-6 können Sie dazu lesen:

*„Ihm, der uns liebt und uns erlöst hat von unsern Sünden
mit seinem Blut und uns zu Königen und Priestern gemacht
hat vor Gott, seinem Vater, ihm sei Ehre und Gewalt von
Ewigkeit zu Ewigkeit!"*

Sie sollen herrschen, weil Sie Könige und Priester Gottes auf der Erde sind. Wie dieses „herrschen" aussehen kann oder auch sollte, wurde
in diesem Buch schon beschrieben. An dieser Stelle geht es mir vor
allem darum, wie Sie sich im Leitungsteam gegenseitig sehen können:
Als Könige und Priester im Reich des Königs aller Könige. Und weil das
so ist, gehen damit auch gewisse Folgerungen einher. Eine davon finden Sie z.B. in Matthäus 10,40-42:

*„Wer euch aufnimmt, der nimmt mich auf; und wer mich
aufnimmt, der nimmt den auf, der mich gesandt hat. Wer
einen Propheten aufnimmt, weil es ein Prophet ist, der wird
den Lohn eines Propheten empfangen. Wer einen Gerechten aufnimmt, weil es ein Gerechter ist, der wird den Lohn
eines Gerechten empfangen. Und wer einem dieser Gerin-
gen auch nur einen Becher kalten Wassers zu trinken gibt,
weil es ein Jünger ist, wahrlich, ich sage euch: Es wird ihm
nicht unbelohnt bleiben."*

Wenn ich diese Stelle richtig verstehe, sagt sie etwas darüber aus,
was ein anderer Mensch für mich sein kann. Oder im Falle eines Leitungsteams, was der Einzelne für das Team werden kann. Und das
heißt: Wenn Sie den anderen als den anerkennen, der er ist, mit seinen
Begabungen, Fähigkeiten, Stärken und Schwächen, werden Sie als
Team auch das bekommen, was Gott durch den anderen wirken möchte. Jedes Teammitglied kann auf diese Weise für das Team zu dem
Menschen werden, den Gott sich gedacht hat und seine Zugehörigkeit
wird fruchtbar werden können.

Wenn Sie das nicht tun, wird vermutlich das geschehen, was in Markus 6,4-5 als persönliches Erlebnis Jesu beschrieben ist:

„Jesus aber sprach zu ihnen: Ein Prophet gilt nirgends weniger als in seinem Vaterland und bei seinen Verwandten und in seinem Hause. Und er konnte dort nicht eine einzige Tat tun, außer dass er wenigen Kranken die Hände auflegte und sie heilte".

Jesus war zu diesem Zeitpunkt in seiner Heimatstadt Nazareth, in der Synagoge. Er lehrte mit Vollmacht und alle waren davon begeistert. Es herrschte bestimmt eine ehrenvolle Atmosphäre im Raum, bis einer auf die Idee kam und die anderen fragte: „Ist das nicht der Jesus, den wir als Sohn des Zimmermanns Josef kennen?"

Und von einem auf den anderen Moment war die staunende Ehre aus der Synagoge verschwunden, wie bei einem Luftballon, aus dem man die Luft herauslässt. Das Ergebnis war, dass Jesus, der Sohn Gottes, in seinem Tun begrenzt wurde, weil es Menschen gab, die anderen Menschen - in diesem Fall Jesus - die Ehre verweigert haben. Sie ließen ihn nicht stehen als den, der er ist: Jesus Christus, der Sohn Gottes, sondern legten ihn fest auf den Sohn des Zimmermanns. Und entsprechenden Lohn bekamen sie dann auch.

Es ist demnach sehr wichtig, wie Sie sich gegenseitig im Team sehen und ob Sie anerkennen können, dass andere Teammitglieder ein begabtes und befähigtes Geschenk Gottes sind, mit denen, und durch die Gott etwas in Ihrer Gemeinde erreichen möchte.

(3) Sind Sie an Leiter-Nachwuchs interessiert?
Mittlerweile sind sich die Fachleute darüber einig - und vielleicht erleben Sie es auch persönlich, dass es immer weniger Menschen gibt, die bereit sind, mit anzupacken bzw. Verantwortung zu übernehmen. Das kann sehr unterschiedliche Gründe haben, die ich hier nicht erörtern werde. Doch es bedeutet nicht, dass Sie als aktuell Verantwortliche den Kopf in den Sand stecken müssen. Nehmen Sie einfach die Herausforderung an und überlegen Sie, wie Sie vor allem junge Menschen wieder dafür gewinnen und schulen können, Führungsverantwortung in christlichen Gemeinden zu übernehmen.

Dazu bietet sich ein biblisches Konzept an, das der Apostel und Gemeindegründer Paulus seinem Mitarbeiter Timotheus ans Herz gelegt hat:

„Und was du von mir gehört hast vor vielen Zeugen, das befiehl treuen Menschen an, die tüchtig sind, auch andere zu lehren." (2. Timotheus 2,2)

Daraus ergibt sich zunächst einmal eine grobe Strategie für die Gewinnung von Leitern in der Gemeinde. Im Handbuch für Gemeindeleitung ist dazu zu lesen: „Eine Gemeinde oder eine Organisation kann nur in dem Maß wachsen, wie sie ihre Leiterschaft vergrößert [...] mit dem Ziel, dass sie von uns als Leiter unabhängig, aber von Gott ganz abhängig werden"[72].

Diese Aufgabe, neues Leitungspersonal auf allen Ebenen zu gewinnen, muss nicht die alleinige Aufgabe der Gemeindeleitung sein. Man kann in der Gemeinde eine Art „Scouting" einführen, wie man es im Sport schon lange praktiziert. Dabei beobachten sich Menschen gegenseitig und suchen nach vorhandenem Leitungspotential. Das könnte auch einen positiven Effekt haben, neben dem, dass man sich besser kennenlernt: Die Menschen suchen nach positiven Eigenschaften in anderen Menschen. Das hilft zu besserem Verständnis und zu einem positiven Eindruck voneinander. Alles in allem kann sich dies sehr positiv auf die Beziehungen in der Gemeinde auswirken.

(4) Wer sind Sie für die Gemeinde: Vorbilder? Autorität? Diener?
Wenn eine Gemeinde wirklich nicht weiter kommen kann, als die Mitglieder der Leitung der Gemeinde bereits sind, stellt sich die Frage, welche Komponenten das Weiterkommen denn beeinflussen können. Ich biete Ihnen drei Komponenten an: Vorbild - Autorität - Diener.

(4.1) Vorbild
Paulus hat zu diesem Thema klare Vorstellungen, wenn er an seinen Mitarbeiter und Gemeindeleiter Timotheus Folgendes schreibt: *„Du aber sei den Gläubigen ein Vorbild im Wort, im Wandel, in der Liebe, im Glauben, in der Reinheit"* (1. Timotheus 4,12).

---

[72] Bosch, Roger: Handbuch für Leitungsaufgaben in Gemeinde und Beruf, S. 43.

Dass ihm dieser Hinweis generell wichtig war zeigt sich darin, dass er diese Sache auch an seinen Mitarbeiter Titus schreibt:

„Dich selbst aber mache zum Vorbild guter Werke mit unverfälschter Lehre, mit Ehrbarkeit, mit heilsamem und untadeligem Wort, damit der Widersacher beschämt werde und nichts Böses habe, das er uns nachsagen kann."

(Titus 2,7)

Wie wichtig die Vorbildfunktion in der Gemeinde ist, zeigt sich z.B. auch darin, dass in den letzten Jahren vielen Bücher und Schriften zum Thema Mentoring, Coaching oder geistliche Begleitung erschienen sind. Und nicht zuletzt auch in der großen Bewegung, die sich mit dem Thema der „Vaterschaft Gottes" befasst. Dabei geht es nicht nur um die Vaterschaft Gottes, sondern auch darum, wie Sie als Nachfolger Jesu für andere eine begleitende und helfende Rolle spielen können. Wir brauchen mehr denn je Vorbilder für unser Leben als Nachfolger Jesu.

(4.2) Autorität

Als Leitungsteam haben Sie Autorität in der Gemeinde, die Ihnen von Gott, und nur von Gott, gegeben wird. Das gilt auch dann, wenn Mitarbeiter in Leitungsteams in der Regel gewählt bzw. berufen werden. In Hebräer 13,17 lesen wir dazu:

„Gehorcht euren Führern und folgt ihnen, denn sie wachen über eure Seelen - und dafür müssen sie Rechenschaft geben -, damit sie das mit Freuden tun und nicht mit Seufzen; denn das wäre nicht gut für euch."

Mit diesen Worten wird die Gemeinde angewiesen, sich unterzuordnen. Dies kann jedoch nur unter Menschen geschehen, die von Gott die Autorität bekommen haben, Gemeinde zu leiten, sonst geht es nur noch um Macht. Wie diese Autorität in der Praxis gelebt werden soll, beschreibt der Apostel Petrus in 1. Petrus 5,2-3:

„Weidet die Herde Gottes, die euch anbefohlen ist; achtet auf sie, nicht gezwungen, sondern freiwillig, wie es Gott gefällt; nicht um schändlichen Gewinns willen, sondern von Herzensgrund; nicht als Herren über die Gemeinde, sondern als Vorbilder der Herde."

Dieses „weiden" (griechisch: poimeinoo) kann weiden, hüten, leiten, führen, bewachen, beschützen oder tragen bedeuten. Also eine klar umrissene Aufgabe, die zeigt, welche Verantwortung ein Leitungsteam gegenüber den Menschen hat, die ihm anvertraut sind. Das Spektrum reicht vom Leiten bis zum Beschützen. Das sollte niemand auf die leichte Schulter nehmen.

(4.3) Diener

Und schließlich geht es noch um eine ganz wichtige Ausprägung von Leiterschaft in der Gemeinde, nämlich, dass sie mit der Mentalität eines Dieners geschehen soll. Dazu können Sie in 1. Petrus 4,10 nachlesen:

> „Und dient einander, ein jeder mit der Gabe, die er empfangen hat, als die guten Haushalter der mancherlei Gnade Gottes."

Petrus macht hier deutlich, dass eine Leitungsaufgabe keinem reinen Selbstzweck dienen darf, sondern dazu, andere Menschen zu bevollmächtigen und sie auf die Aufgabe(n) vorzubereiten, die Gott für sie vorgesehen hat. Und das geschieht auch innerhalb eines Leitungsteams nur mit den Gaben und Fähigkeiten, die das jeweilige Teammitglied hat.

In eine Struktur der Leitung einer Gemeinde umgesetzt, könnte es so aussehen, wie auf dem Schaubild zum Thema „Dienende Leiterschaft". Dass dabei die klassische Führungspyramide auf den Kopf gestellt wurde heißt, dass die Leitung der Gemeinde eine dienende Haltung einnimmt. Und dies mit dem obersten Ziel „die Menschen in der Umgebung" zu erreichen. Diese Art der Leitung wird bestimmt von dem primären Anliegen, alle Christen zu Jüngern Jesu zu machen und ihnen zu helfen, ihr von Gott gegebenes Potential zu entfalten.

(5) Haben Sie ein gemeinsames Ziel?
In Bezug auf Vision und Zielsetzungen in einer Gemeinde, stimme ich dem zu, was Bill Hybels geschrieben hat: „Es ist einfach so, dass Menschen mit der Gabe der Leitung ganz besonders gut darin sind, Strategien und Strukturen zu entwickeln, die andere Menschen dazu befähigen, ihre Gaben so effektiv wie möglich einzusetzen. Leiter sehen das

Gesamtbild und wissen, wie sie anderen helfen können, ihren Platz innerhalb des Bildes zu finden"[73].

Dennoch kommt es laut dem Gemeindebauexperten John Wimber, Wimber, immer wieder dazu, dass sich die Leiter einer Gemeinde mehr auf Programme und Personen konzentrieren als auf Vision und Werte, Prioritäten und Strategien.[74] Das kann zu einer massiven Blockade im Wachstum der Gemeinde werden. Denn Menschen spüren sehr schnell, ob es darum geht, sie nur als Arbeitskraft zu missbrauchen, oder darum, eine gemeinsame Vision bzw. einen gemeinsamen Auftrag umzusetzen.

Natürlich gehört es heute fast schon zur Pflicht einer Gemeinde, eine Gemeinde-Vision zu haben. Und die wird meist auch auf der Homepage und im Foyer der Gemeinde präsentiert. Aber ich erlebe immer wieder, dass dies nur Feigenblätter sind. Denn es ist eine Sache, eine Vision formuliert zu haben, aber es ist eine andere, die gesamte Gemeindearbeit konsequent an dieser Vision oder diesem Auftrag auszurichten. Denn das würde bedeuten, dass sich dieser Vision alles andere unterordnen müsste.

In Psalm 32,8 hat Gott versprochen: *„Ich will dich unterweisen und dir den Weg zeigen, den du gehen sollst; ich will dich mit meinen Augen leiten"*. Das bedeutet, dass eine Gemeinde nicht irgendeinem Auftrag folgt - vorausgesetzt sie ist mit Gott im Gespräch über das, was sie tun soll, sondern sie folgt dem Auftrag Gottes für sie, dem in der Folge auch persönliche Befindlichkeiten, Traditionen, vorhandene Gruppen und Kreise und persönliche Ziele unterzuordnen sind. Ich stelle fest, dass eine Gemeinde normalerweise gut vorankommt, wenn sie auf Gott hört und alles konsequent auf seine Vision/seinen Auftrag ausrichtet.

(6) Sind Sie an der Weiterentwicklung eigener Qualifikationen und Kompetenzen interessiert?

Wenn es einem Leitungsteam wirklich am Herzen liegt, dass die Gemeinde sich geistlich, organisatorisch und zahlenmäßig weiterentwickelt, wird sich das auch darin zeigen, dass sich die einzelnen Mitglieder der Leitung selbst weiterentwickeln möchten. In Amerika gibt es den

---

[73] Hybels, Bill: Mutig führen, S. 29.
[74] Aus: Brodeur, Michael; Liebscher, Banning: Erweckungskultur, S. 296-297.

Ausspruch: „Every leader is a reader!"[75] Der Begriff, der im NT für Jünger verwendet wird, bedeutet im übertragenen Sinn: „Schüler sein". Und ein Schüler ist in jedem Fall ein Lernender. Nebenbei bemerkt habe ich noch nie einen Schüler erlebt, der nicht auch aus Büchern gelernt hat. Entweder aus seinen eigenen oder aus denen des Lehrers. Ein Satz dazu aus Matthäus 11,29:

> „Nehmt auf euch mein Joch und lernt von mir; denn ich bin sanftmütig und von Herzen demütig; so werdet ihr Ruhe finden für eure Seelen."

Jesus fordert seine Nachfolger hier ganz bewusst dazu auf, von seinem Vorbild zu lernen. Ein weiterer Satz dazu aus 2. Timotheus 3,14:

> „Du aber bleibe bei dem, was du gelernt hast und was dir anvertraut ist; du weißt ja, von wem du gelernt hast."

Timotheus hatte offensichtlich etwas von Paulus gelernt. Und dies ermächtigte ihn nun, Gemeindeleiter zu sein. Das gleiche Anliegen hatte Paulus auch in seinem Brief an seinen Mitarbeiter Titus:

> „Lass aber auch die Unseren lernen, sich hervorzutun mit guten Werken, wo sie nötig sind, damit sie kein fruchtloses Leben führen." (Titus 3,14)

Auch in diesen Worten wird die Gemeinde aufgefordert, zu lernen. Sie können sich nicht mit „guten Werken" hervortun, wenn Sie nicht zuvor gelernt haben, was gute Werke sind. Der Gemeindeleiter Titus ist damit aufgefordert, Menschen in guten Werken anzuleiten. Und schließlich noch ein Satz aus Hebräer 5,8:

> „So hat er, obwohl er Gottes Sohn war, doch an dem, was er litt, Gehorsam gelernt."

Das ist für mich einer der stärksten Sätze im NT der Bibel. Sogar der Sohn Gottes musste etwas lernen. Wie kommen manche Menschen dann darauf, dass Sie nichts mehr dazulernen und auch keine Bücher lesen müssten? Ich selbst habe schon einige Hundert Bücher gelesen. Dabei habe ich jedoch nicht den Anspruch, von jedem gelesenen Buch noch genau zu wissen, was der Inhalt war.

---

[75] Jeder Leiter ist auch ein Mensch, der Bücher liest!

Für mich verhält es sich so, wie bei einem schmutzigen Weidenkorb, mit dem jemand mehrmals zum Wasser holen geschickt wird: Er wird bei keinem seiner Versuche Wasser mitbringen, doch am Ende wird der Weidenkorb ganz sicher gereinigt sein. Mir persönlich sind all die Autoren der Bücher zu persönlichen Mentoren geworden, die mein Leben geprägt und verändert haben. Es ging also nie nur um die Anhäufung von Wissen, sondern in den meisten Fällen um persönliche Veränderung. Das ist ein wichtiger Ansatz, wenn es darum geht, dass sich Gemeinde entwickeln soll.

Es geht bei allem Lernen und Weiterentwickeln nie um das reine Anhäufen von Wissen, sondern immer auch um persönliche Veränderung und Weiterentwicklung, und die Erweiterung notwendiger Kompetenzen. Wenn Sie also wollen, dass sich Ihre Gemeinde weiterentwickelt, dann bleiben Sie dran, sich selbst weiter zu entwickeln, denn die Gemeinde wird nie weiter kommen, als ihre Leiter bereits gekommen sind!

(7) Können Sie Gottes Stimme hören?
Das gilt auch dann, wenn es darum geht, die Stimme Gottes zu hören, um Wegweisung zu empfangen. Je länger ich mit der Gemeindearbeit betraut bin, desto bewusster wird mir, wie wichtig es ist, Gottes Weisung in Bezug auf ganz konkrete Situationen zu hören. Gut, dass es uns als Kinder Gottes verheißen ist, die Stimme des Vaters hören zu können:

„Deine Ohren werden hinter dir das Wort hören: »Dies ist der Weg; den geht! Sonst weder zur Rechten noch zur Linken!«" (Jesaja 30,21)

„Meine Schafe hören meine Stimme, und ich kenne sie und sie folgen mir." (Johannes 10,27)

„Ich bin dazu geboren und in die Welt gekommen, dass ich die Wahrheit bezeugen soll. Wer aus der Wahrheit ist, der hört meine Stimme." (Johannes 18,37)

Meine Erfahrung ist, dass viele Christen diese konkrete Stimme Gottes nicht hören können. Und deshalb bieten wir bei HWZ Ministries auch das Seminar „Gottes Stimme -live- hören" an. In diesem Seminar können Nachfolger Jesu die Grundlagen dafür lernen, Gottes Stimme in ihren alltäglichen Situationen vernehmen zu können.

Dabei geht es um ein inneres Hören. Manche sprechen dabei von „Eindrücken", einer „inneren Stimme", oder „spontanen Gedanken". Wie man es auch immer nennen mag: Wir können nicht darauf verzichten, neben der Bibel auch die innere Stimme Gottes zu vernehmen, um Gemeinde in diesen schwierigen Zeiten leiten zu können.

Als ich in den folgenden Tagen, nach dieser Nacht im August 2015, noch etwas zu diesem Thema recherchierte, fand ich, ergänzend zu den sieben eben gestellten Fragen, noch folgende Gedanken dazu:

Pastor Rick Warren, Seniorpastor der Saddleback Valley Church in Kalifornien, sagte einmal: „Wachsende Gemeinden brauchen wachsende Leiter. Wenn der Leiter aufhört zu wachsen, wird auch die Gemeinde nicht weiter wachsen."[76] Damit brachte er das oben erwähnte, geistliche Prinzip der Leitung von Gemeinden auf den Punkt: „Eine Gemeinde kommt immer nur so weit..."

Bill Hybels, ehemaliger Seniorpastor der Willow Creek Community Church in Chicago hat es in seinem Buch etwas anders ausgedrückt, indem er schreibt[77]: „Ich bin absolut davon überzeugt, dass die Kirche nie ihr volles erlösendes Potenzial erreichen wird, wenn Männer und Frauen mit der Gabe der Leitung nicht aufstehen und führen".

Auch hinter dieser Aussage steckt das Prinzip, dass eine Gemeinde immer nur so weit kommen kann, wie ihre Leiter bereit sind zu gehen bzw. sich zu entwickeln. Und das gilt für die geistliche Reife, die charakterliche Stärke, die Liebe zu sich selbst und zu anderen, die Führungs- und Fachkompetenz und die Leidenschaft für die Gemeinde und ihre Arbeit (vgl. 1. Petrus 5,2-3).

Dieses geistliche Prinzip findet man natürlich nicht als Bibelvers im NT der Bibel. Aber Sie können es aus den Berichten der ersten Gemeinde heraus-finden und -lesen. Und Sie können es in der Praxis der Gemeindearbeit erkennen, wenn Sie sich verschiedene Gemeinden und deren Arbeit anschauen.

---

[76] Warren, Rick, „Die sieben Fallen", Willownetz, Ausgabe Nr. 02/06, S. 5.

[77] Hybels, Bill: Mutig führen, S. 30.

Dieses Strategiepapier „Agenda 222" wird sich nicht von selbst umsetzen. Es wird etwas von Ihnen fordern, das ist klar. Und dies beginnt damit, dass Sie sich persönliche Fragen stellen, wie z.B.:

➲ Bin ich bereit und willig, mich persönlich und unsere Gemeinde qualitativ und quantitativ weiter zu entwickeln?

➲ Bin ich bereit und willig, Veränderungen anzustoßen und umzusetzen?

➲ Bin ich bereit und willig, dafür auch einen Preis zu bezahlen?

➲ Bin ich bereit zu gehen?
Um Jünger zu machen, die Jünger machen, die Jünger machen, ...
„Mir ist gegeben alle Gewalt im Himmel und auf Erden. Darum gehet hin und machet zu Jüngern alle Völker..." (Matthäus 28,18-19)

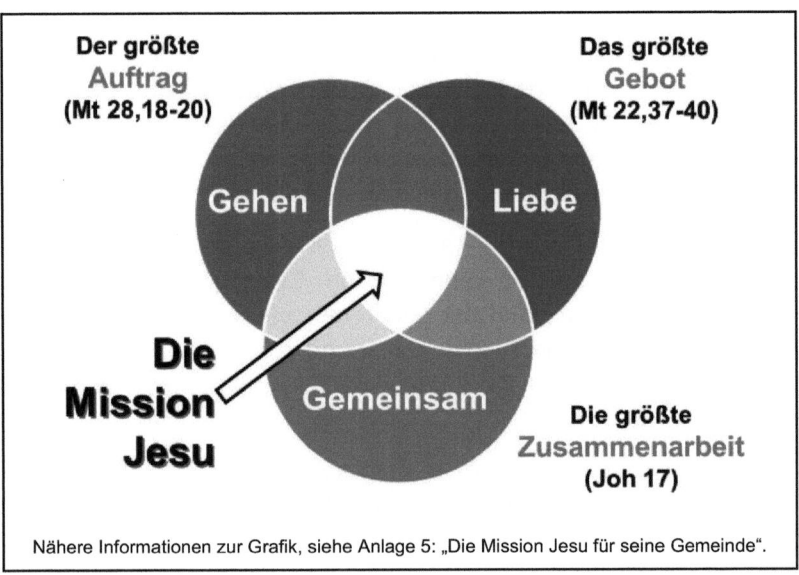

Nähere Informationen zur Grafik, siehe Anlage 5: „Die Mission Jesu für seine Gemeinde".

➲ Bin ich bereit, zu lieben?
Das heißt, meine Beziehung zu Gott an die erste Stelle setzen, und die Liebe zu den Menschen?
„»Du sollst den Herrn, deinen Gott, lieben von ganzem Herzen, von ganzer Seele und von ganzem Gemüt« (5.Mose 6,5). *Dies ist das höchste und größte Gebot. Das andere aber ist dem gleich: »Du*

sollst deinen Nächsten lieben wie dich selbst« (3.Mose 19,18). *In diesen beiden Geboten hängt das ganze Gesetz und die Propheten."* (Matthäus 22,37-40)

➲ Bin ich bereit, gemeinsam mit anderen zu gehen? In Einheit untereinander, wie Jesus mit dem Vater eins ist? Ohne Misstrauen, Neid, Missgunst, Groll, Bitterkeit, Stolz und Rebellion? *„Wie du mich gesandt hast in die Welt, so sende ich sie auch in die Welt [...] damit sie alle eins seien. Wie du, Vater, in mir bist und ich in dir, so sollen auch sie in uns sein, damit die Welt glaube, dass du mich gesandt hast."* (Johannes 17,17+21)

Wenn Sie diese Fragen im Großen und Ganzen mit „JA" beantworten können, dann sehe ich für Ihre Gemeinde eine Chance, mit qualitativem und quantitativem Wachstum in die Zukunft gehen zu können. Letzten Endes liegt es jedoch bei Ihnen, wie Sie darauf antworten möchten.

Ich für meinen Teil habe bereits von ganzem Herzen „JA" gesagt, und bringe mich dementsprechend in der Gemeinde an meinem Wohnort ein. Ihnen wünsche ich, dass auch Sie ein von Herzen kommendes „JA" zu „Ihrer" Gemeinde sagen können, und dann die Freude erleben, die sich einstellen wird, wenn Sie sehen, wie sich ein solches Strategiepapier mit Leben füllt, und in der Folge davon die gesamte Gemeinde erfasst!

Nachwort

„Es soll nicht durch Heer oder Kraft, sondern durch meinen Geist geschehen, spricht der HERR Zebaoth." (Sacharja 4,6)

Vielleicht denken Sie jetzt, nach all dem, was Sie in diesem Buch gelesen haben: „Das ist viel zu viel! Das schaffen wir als Gemeinde niemals! Viel zu weit weg sind wir von dem, was hier beschrieben wird!"

Vielleicht denken Sie auch: „Wie soll ich aus diesem Flickenteppich zufällig ausgewählter Bausteine ein großes Ganzes erkennen, um daraus eine für meine Gemeinde angemessene Strategie zu erarbeiten?"

Jesus selbst sagte eines Tages folgende Worte, die damals nicht nur dem Apostel Petrus gegolten haben:

„Ich will meine Gemeinde bauen, und die Pforten der Hölle sollen sie nicht überwältigen." (Matthäus 16,18)

Lassen Sie sich nicht davon beeindrucken, wenn Ihnen zum momentanen Zeitpunkt der Berg einer nötigen Veränderung für Ihre Gemeinde zu hoch erscheinen mag. Ein Berg wird nicht von der Spitze her bestiegen, sondern von der Talsohle an. Fangen Sie deshalb mit Ihrem Beten, Planen und Denken einfach beim Fundament der Pyramide an. Es ist ein erster Schritt, auf den, fast automatisch, andere Schritte folgen werden. Lassen Sie sich einfach überraschen.

Und wenn Sie sich auf den Weg machen, dann tun Sie es bitte in dem Bewusstsein, dass nicht Sie es sind, der „Ihre" Gemeinde bauen muss, sondern dass es Jesu Anliegen ist, „SEINE" Gemeinde zu bauen, um der Menschen Willen, und zu seiner Ehre. In diesem Sinne wünsche ich Ihnen Gelassenheit und viel Weisheit, für den Bau SEINER Gemeinde.

Gott segne Sie dabei!

Ihr Hans-Werner Zöllner

Anlagen

Anlage 1 - Begründung für den Buchtitel „Agenda 222"

(1) Biblische Bedeutung der Zahl „2"

Biblische Bedeutungen der Zahl „2" sind: teilen - trennen - richten - beurteilen - unterscheiden - beiseite stellen - Zeuge sein - Zeugnis.

1. Mose 1,6+8b
Und Gott sprach: Es werde eine Feste zwischen den Wassern, die da scheide zwischen den Wassern [...] Da ward aus Abend und Morgen der zweite Tag.

1. Könige 3,25+28
Teilt das lebendige Kind in zwei Teile und gebt dieser die Hälfte und jener die Hälfte [...] Und ganz Israel hörte von dem Urteil, das der König gefällt hatte, und sie fürchteten den König; denn sie sahen, dass die Weisheit Gottes in ihm war, Gericht zu halten.

Johannes 8,17
Auch steht in eurem Gesetz geschrieben, dass zweier Menschen Zeugnis wahr sei.

Die Zahl der kleinsten Gemeinschaft und der notwendigen Zeugen:

2 Stammeltern: Adam & Eva	1. Mose 1,27
2 Gesetzestafeln von Gott	2. Mose 31,18
2 Säulen im Tempel	1. Könige 7,15
2 Cherubim	2. Mose 25,18; 1. Könige 6,23
2 ermutigen einander	Prediger 4,9-12
2 Zeugen der Wahrheit	Markus 6,7; Johannes 8,18
2 einmütige Beter erleben etwas	Matthäus 18,19
2 Zeugen sind nötig	2. Korinther 13,1
2 himmlische Zeugen	Offenbarung 11,3

20 = zwei mal 10

Wenn wir eine Grundzahl vor uns haben (Eins bis Neun) und sie mit Zehn multiplizieren, wiegen oder messen wir damit die Bedeutung der Zahl, auch um zu entscheiden, ob wir das Ergebnis annehmen oder ablehnen. Zweimal Zehn ergibt zum Beispiel Zwanzig. Zwanzig bedeutet etwas zu „teilen" oder „beurteilen" und in der Folge, ob wir es „annehmen" oder „ablehnen".

Als Gott das Volk Israel zählte, wurden nur die über Zwanzigjährigen gezählt (vgl. 4. Mose 1,3). Nur der, den Gott annimmt, nachdem er ihn beurteilt hat, zählt zu Ihm. So ist es nicht schwierig zu erkennen, dass die Zahl Zwanzig auch „heilig" (abgesondert für Gott und durch Ihn angenommen) bedeuten kann.

Ein paar Bibelstellen dazu:

Seite 222 - im AT der Luther-Bibel 1984: Josua 4,22-24
Israel ging auf trockenem Boden durch den Jordan, als der HERR, euer Gott, den Jordan vor euch austrocknete, bis ihr hinübergegangen wart, wie der HERR, euer Gott, am Schilfmeer getan hatte, das er vor uns austrocknete, bis wir hindurchgegangen waren; damit alle Völker auf Erden die Hand des HERRN erkennen, wie mächtig sie ist, und den HERRN, euren Gott, fürchten allezeit.

Seite 222 - im NT der Luther-Bibel 1984: Epheser 2,19-22
So seid ihr nun nicht mehr Gäste und Fremdlinge, sondern Mitbürger der Heiligen und Gottes Hausgenossen, erbaut auf den Grund der Apostel und Propheten, da Jesus Christus der Eckstein ist, auf welchem der ganze Bau ineinander gefügt wächst zu einem heiligen Tempel in dem Herrn. Durch ihn werdet auch ihr mit erbaut zu einer Wohnung Gottes im Geist.

2. Samuel 22,2
Der HERR ist mein Fels und meine Burg und mein Erretter.

2. Könige 22,2
Und er tat, was dem HERRN wohlgefiel, und wandelte ganz in dem Wege seines Vaters David und wich nicht davon ab, weder zur Rechten noch zur Linken.

Daniel 2,22

Gott offenbart, was tief und verborgen ist; er weiß, was in der Finsternis liegt, denn bei ihm ist lauter Licht.

Hosea 2,22

Ja, in Treue will ich mich mit dir verloben und du wirst den HERRN erkennen.

Joel 2,22

Fürchtet euch nicht, ihr Tiere auf dem Felde; denn die Auen in der Steppe sollen grünen und die Bäume ihre Früchte bringen, und die Feigenbäume und Weinstöcke sollen reichlich tragen.

Markus 2,22

Und niemand füllt neuen Wein in alte Schläuche; sonst zerreißt der Wein die Schläuche und der Wein ist verloren und die Schläuche auch; sondern man soll neuen Wein in neue Schläuche füllen.

Apostelgeschichte 2,22

Jesus von Nazareth, von Gott unter euch ausgewiesen durch Taten und Wunder und Zeichen, die Gott durch ihn in eurer Mitte getan hat, wie ihr selbst wisst.

2. Timotheus 2,22

Fliehe die Begierden der Jugend! Jage aber nach der Gerechtigkeit, dem Glauben, der Liebe, dem Frieden mit allen, die den Herrn anrufen aus reinem Herzen.

Aus diesen Bibelstellen ergeben sich folgende, mögliche biblische Deutungen für die Zahl „2"[78]:

* Gott hat dich in seine Familie aufgenommen
* Gott wird dich beurteilen und richten (nach seiner Gerechtigkeit)
* Gott wird dich auf ein neues Fundament stellen
* Gott wird dich absondern
* Gott wird sich dir zu erkennen geben
* Gott wird dich aus der Wüste heraus, in neues Land führen
* Gott wird Wunder tun!

---

[78] Mehrere Zahlen oder doppelte haben die gleiche Grundbedeutung wie die eine Zahl, sie intensivieren aber die Wahrheit dieser Zahl.

(2) Begründung für den Buchtitel „Agenda 222"

Vor dem Hintergrund dieser vielfältigen Deutungen, die es aus biblischer Sicht für die Zahl „2" geben kann, eine Gemeinde zu entwickeln, ist für mich nicht nur große Motivation, sondern auch Trost in manchen, auch frustrierenden Erfahrungen, die jedem in der Gemeindearbeit begegnen können. Auch deshalb habe ich die Zahl „222" in den Buchtitel eingefügt.

Der maßgebliche Grund für die Zahl „222" ist allerdings ein Bibelwort, das für mich entscheidend ist, wenn sich eine Gemeinschaft von Menschen vornimmt, der Mission Jesu konsequent zu folgen. Sie finden dieses Bibelwort in dem sehr persönlichen Brief des Apostels Paulus an seinen Mitstreiter und -apostel Timotheus. Darin legte ihm Paulus Folgendes ans Herz:

> *Und was du von mir gehört hast vor vielen Zeugen, das befiehl treuen Menschen an, die tüchtig sind, auch andere zu lehren."* (2. *Timotheus 2,2*)

Paulus wünscht sich, dass die Mission Jesu dadurch weitergetragen wird, dass treue Menschen gefunden werden, denen es wiederum am Herzen liegt, treue Menschen zu finden, die andere zu Jüngern machen, die wiederum Jünger machen, die wiederum ...

Dieses Bibelwort steht in 2. Timotheus 2,2 => „222"

Damit soll dieses Buch schon im Titel anzeigen, dass es um nichts anders geht, als dass sich alle Nachfolger Jesu zum Ziel machen, andere zu Jüngern zu machen und damit zu ihrer wahren Größe zu führen: Ihrer Bestimmung, die Gott schon vor Grundlegung der Welt festgelegt hat (vgl. Psalm 139,16).

Falls dies auch Ihr Anliegen ist, hoffe ich, dass Ihnen dieses Strategiepapier dabei eine wertvolle Hilfe sein kann.

Anlage 2 - Die fünf Aufträge der Gemeinde Jesu

Um die im Kapitel „Umsetzung" angesprochene „Mission Jesu" ausgewogen in die Praxis umsetzen zu können, hat Pastor Rick Warren, in Anlehnung an die biblischen Berichte über die erste Gemeinde, fünf Auftragsschwerpunkte für die Arbeit der Gemeinde Jesu herausgearbeitet[79]:

Dienst, Anbetung, Evangelisation, Gemeinschaft und Jüngerschaft (vgl. Apostelgeschichte 2,37-47).

Dabei weist er darauf hin, dass die meisten Gemeinden dazu neigen, sich auf einen Schwerpunkt (Auftrag) auszurichten, wobei diese Verengung meist aufgrund der einseitigen Begabung der Gemeindeleitung und/oder des Pastors erfolgt.

So wird ein Auftragsschwerpunkt zum Gemeindeparadigma, während die anderen Aufträge verkümmern. Viele Gemeindeleitungen und Pastoren sind sich aufgrund eines mangelnden Verständnisses des sog. „fünffältigen Dienstes" (vgl. Epheser 4,11-14; 1. Korinther 12,28) nicht bewusst, wie einseitig ihre Gemeinden in ihrer alltäglichen Gemeindearbeit geprägt sind.

Die Parallelität zwischen den von Rick Warren herausgestellten fünf Aufträgen und den Gaben des fünffältigen Dienstes, sind offensichtlich, wie auch nachfolgende Tabelle zeigt:

	Apostel	Prophet	Evangelist	Hirte	Lehrer
Auftrag	Dienst	Anbetung	Evangelisation	Gemeinschaft	Nachfolge
Apostelgeschichte 2,42-47	„Es geschahen auch viele Zeichen und Wunder durch die Apostel."	„Sie waren täglich einmütig beieinander im Tempel und ... hier und dort in den Häusern ... und lobten Gott."	„Der Herr aber fügte täglich zur Gemeinde hinzu, die gerettet wurden."	„Alle aber, die gläubig geworden waren, waren beieinander."	„Sie blieben aber beständig in der Lehre der Apostel."

---

[79] Warren, Rick: Kirche mit Vision, S. 115-116.

	Apostel	Prophet	Evangelist	Hirte	Lehrer
Paradigma	Auftragsbestimmte Gemeinde	Gotterlebende Gemeinde	Seelengewinnende Gemeinde	Familientreff-Gemeinde	Klassenzimmer-Gemeinde
Zielsetzung	Reich Gottes, Wirksamkeit, Mitarbeit	Herzen zu Gott bringen	Evangelium weitergeben	Miteinander leben lernen	Lernen, wie wir leben können
Zielgruppe	Gemeindekern	Gottesdienstbesucher	Gesellschaft	Gemeinde	„gebende" Gemeindeglieder
Grundlegendes menschliches Bedürfnis	**Lebensberufung**	**Lebenskraft**	**Lebenssinn**	**Lebenshilfe**	**Lebensordnung**
Lebensbereich	Berufung, Gaben, fünf Aufträge der Gemeinde	Freude am Leben, Beziehung zu Gott, Gebet, Lobpreis	Lebensmission, Zeugnis in der Welt, Evangelisation	Lebensbegleitung, Beziehungen, Selbstannahme	Ehe und Familie, Beruf, Gemeinde
Was die Gemeinde bietet	**Funktion** im Leben	**Farbe** im Leben	**Fokus** für das Leben	**Familie** zum Leben	**Fundament** für das Leben

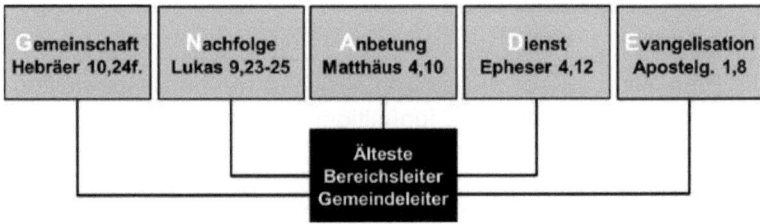

Eine möglichst ausgewogene Gemeindearbeit kann demnach nicht darauf verzichten, sich mindestens mit den in der Tabelle angegebenen, biblischen Aufträgen auseinander zu setzen und diese in die praktische Gemeindearbeit zu integrieren.

Wie dies umgesetzt werden könnte, muss für jeden Ort und für jede örtliche Gemeinde individuell erarbeitet werden, möchte man nicht Gefahr laufen, vorhandene Ressourcen in Programme und/oder Modelle anderer Gemeinden zu investieren, bzw. sich darin aufzureiben.

Anlage 3 - Der fünffältige Dienst

Quelle: Zöllner, Hans-Werner: Leiterschaft ist ... wenn der Leiter schaf(f)t, S. 140-163.

Es muss etwa zwischen 60 und 70 nach Christus gewesen sein. Damals präsentierte Lukas, der Arzt, die Fortsetzung seines Evangeliums: Er nannte es die „Taten der Apostel". Niemand ahnte damals, dass dieses Buch einmal um die Welt gehen würde. Auch heute, fast 2000 Jahre später, hat das Interesse daran nicht nachgelassen. Dieses Buch löst auf der einen Seite immer wieder Ernüchterung und Traurigkeit aus, weil in unserer Zeit alles so ganz anders scheint, und auch diese mitreißende Dynamik der ersten Gemeinde in weiten Teilen der heutigen Gemeinde nicht mehr zu finden ist.

Auf der anderen Seite löst es auch Sehnsucht und Pioniergeist aus, weil man sich von ganzem Herzen nach dieser wunderbaren Dynamik sehnt und dabei die Frage nicht loswird: Wie kommen wir dahin? So ist die Apostelgeschichte fast so etwas wie ein Stachel im Gesäß der Gemeinde, der sie schmerzt, reizt und vorwärtstreibt. Und das ist gut so!

Wenn im AT die wunderbare Dynamik und Kraft Gottes beschrieben wird, taucht wiederholt das Symbol der Hand auf, oder auch das der Finger oder des Armes. In Psalm 89,14 können Sie z.B. Folgendes lesen:

*„Du hast einen gewaltigen Arm, **stark ist deine Hand**, und hoch - oder erhoben - ist deine Rechte."*

Dieses Bild setzt sich auch im NT der Bibel, in der Apostelgeschichte fort - Apostelgeschichte 4,29-30 und 11,21:

*„Und nun, Herr, sieh an ihr Drohen und gib deinen Knechten, mit allem Freimut zu reden dein Wort; **strecke deine Hand aus**, dass Heilungen und Zeichen und Wunder geschehen durch den Namen deines heiligen Knechtes Jesus."*

*„Und **die Hand des Herrn** war mit ihnen und eine große Zahl wurde gläubig und bekehrte sich zum Herrn."*

Überall sind die Kraft und Wirkungen dieser unsichtbaren Hand Gottes spürbar. Doch: Was verbirgt sich hinter dieser Hand[80]? Zunächst einmal ist eine Hand ein komplexes und harmonisches Miteinander von fünf Gliedern, die mittels eines Handtellers und eines Arms mit dem Körper verbunden sind. Es ist ein wahres Wunderwerk aus Daumen, Zeigefinger, Mittelfinger, Ringfinger und kleinem Finger. Die Finger arbeiten einträchtig zusammen und können die schwierigsten, gröbsten, aber auch feinsten Arbeiten verrichten.

Dabei ist jeder Finger anders und wird für verschiedene Aufgaben eingesetzt. Gleichzeitig sind sich die Finger sehr ähnlich und sie arbeiten meist am selben Gegenstand. Wenn ein Finger fehlt, weil man ihn durch einen Unfall oder eine Verletzung nicht zur Verfügung hat, macht sich das sehr schnell bemerkbar. Die anderen Finger können diesen Verlust nur sehr bedingt wieder wettmachen. Die Hand braucht einfach alle Finger, damit sie ihr volles Potential ausschöpfen kann:

„Und er hat einige als Apostel eingesetzt, einige als Propheten, einige als Evangelisten, einige als Hirten und Lehrer, damit die Heiligen zugerüstet werden zum Werk des Dienstes. Dadurch soll der Leib Christi erbaut werden, bis wir alle hingelangen zur Einheit des Glaubens und der Erkenntnis des Sohnes Gottes, zum vollendeten Mann, zum vollen Maß der Fülle Christi, damit wir nicht mehr unmündig seien und uns von jedem Wind einer Lehre bewegen und umhertreiben lassen durch trügerisches Spiel der Menschen, mit dem sie uns arglistig verführen." (Epheser 4,11-14)

Was Paulus hier beschreibt könnte man als die starke Hand Gottes bezeichnen. Die Hand Gottes, mit ihren fünf Fingern: Apostel, Prophet, Lehrer, Evangelist und Hirte.

Der Autor Jens Kaldewey schreibt dazu in seinem Buch: „Diese Hand hat Zeichen und Wunder getan, den Menschen das Brot des Wortes ausgeteilt, Wohnstätten Gottes gebaut aus lebendigen Menschen, Heere der Finsternis besiegt, Städte auf den Kopf gestellt, Menschen von Grund auf verwandelt.

---

[80]   Die Idee zu den Ausführungen über die „Hand Gottes" entstammt dem Buch von Jens Kaldewey.

Diese Hand war es, welche die junge Christenheit in ihr volles Potential hineinbrachte und sie zur Reife führte. Diese »Hand« muss neu erkannt, verstanden und geschätzt werden. *»... gib deinen Knechten, mit allem Freimut zu reden dein Wort;* **strecke deine Hand aus,** *dass Heilungen und Zeichen und Wunder geschehen durch den Namen deines heiligen Knechtes Jesus.«* Wenn wir uns mit dem Wirken Gottes eins machen, kann seine »Hand« langsam wieder ihre volle Funktion gewinnen."[81]

Bevor ich jedoch noch tiefer in die Thematik einsteige, möchte ich noch etwas vorausschicken, das mir persönlich sehr wichtig ist. Es gibt jede Menge Literatur zu diesem Thema, mit sehr unterschiedlichen Standpunkten und Meinungen dazu, wie dieser sogenannte „fünffältige Dienst", diese Hand Gottes gesehen werden könnte. Dabei ist mir sehr deutlich geworden, was Paulus im Hohelied der Liebe (1. Korinther 13) zum Ausdruck bringt: Wir können machen, was wir wollen, unser Wissen bleibt Stückwerk.

Was ich hier beschreibe, ist eine Momentaufnahme, wie ich diese Hand Gottes momentan sehe. Im Großen und Ganzen wird sich daran auch in Zukunft nichts verändern. Wir werden die Bibel nicht noch einmal neu schreiben! Aber in den feinen Nuancen der Umsetzung in der Gemeinde, kann sich immer wieder einmal etwas tun, weil unser Wissen immer eine Momentaufnahme bleiben wird und wir Menschen immer nur nach unserem momentanen Stand der Erkenntnis lehren und handeln können; was übrigens für die Ausführungen des gesamten Buches gilt. Das wird einmal anders werden, aber nicht solange wir hier auf dieser Erde sind.

Und noch ein Punkt ist mir sehr wichtig, der auch mit unserem Wissen zusammenhängt: Dass wir uns nicht auf unser Wissen und unsere Weisheit verlassen. Gott hat jedem von uns einen Verstand gegeben, und wir sollen ihn auch gebrauchen. Aber wir sollen ihn nicht so in den Vordergrund stellen, dass wir darüber Gott vergessen. Jakobus warnt uns davor in seinem neutestamentlichen Brief, indem er schreibt:

---

[81] Kaldewey: Hand Gottes, S. 8.

„Wer ist weise und klug unter euch? Der zeige mit seinem guten Wandel seine Werke in Sanftmut und Weisheit. Habt ihr aber bitteren Neid und Streit in eurem Herzen, so rühmt euch nicht und lügt nicht der Wahrheit zuwider. Das ist nicht die Weisheit, die von oben herabkommt, sondern sie ist irdisch, niedrig und teuflisch. Denn wo Neid und Streit ist, da sind Unordnung und lauter böse Dinge. Die Weisheit aber von oben her ist zuerst lauter, dann friedfertig, gütig, lässt sich etwas sagen, ist reich an Barmherzigkeit und guten Früchten, unparteiisch, ohne Heuchelei. Die Frucht der Gerechtigkeit aber wird gesät in Frieden für die, die Frieden stiften." (Jakobus 3,13-18)

Der Maßstab für unser Denken und Handeln, der Maßstab für alle geistlichen Dinge, wie z.B. Eindrücke, prophetische Worte, Lehre, Bilder, etc., der Maßstab für unser Tun und Lassen muss die Heilige Schrift sein, und die Weisheit Gottes, durch seinen Heiligen Geist. Wir müssen immer belehrbar bleiben, sonst ist die Gefahr groß, dass wir unserer „irdischen, niedrigen und teuflischen" Weisheit nachgeben und eines Tages das ernten, was wir damit aussäen würden: Neid, Streit, Unfrieden, Lieblosigkeit, Ungerechtigkeit, usw.

Damit lassen wir die einleitenden Worte hinter uns, wenden uns dem Hauptteil des Themas zu und schauen uns diese wunderbare Gabe Gottes, den fünffältigen Dienst aus Epheser 4,11-14 etwas genauer an:

*„Und er hat einige als **Apostel** eingesetzt, einige als **Propheten**, einige als **Evangelisten**, einige als **Hirten** und **Lehrer**, damit die Heiligen zugerüstet werden zum Werk des Dienstes. Dadurch soll der Leib Christi erbaut werden, bis wir alle hingelangen zur Einheit des Glaubens und der Erkenntnis des Sohnes Gottes, zum vollendeten Mann, zum vollen Maß der Fülle Christi, damit wir nicht mehr unmündig seien und uns von jedem Wind einer Lehre bewegen und umhertreiben lassen durch trügerisches Spiel der Menschen, mit dem sie uns arglistig verführen."*

Interessant ist zunächst einmal, dass die gängige Literatur selbstverständlich davon ausgeht, dass es sich bei dieser Bibelstelle um eine Stelle mit zentraler Bedeutung handelt. Sucht man aber im ganzen NT, wird man feststellen, dass die Begriffe Apostel, Prophet, Evangelist, Hirte und Lehrer nur in dieser Bibelstelle gemeinsam aufgelistet werden. Die Autoren Michael Frost und Allan Hirsch[82] versuchen in ihrem Buch die zentrale Bedeutung von Epheser 4 zu begründen, indem sie den Epheserbrief als eine grundlegende Darstellung der Gemeindetheologie von Paulus sehen:

„Wir gehen davon aus, dass der Epheserbrief (wie die meisten Briefe) damals bald in den Hausgemeinden der Region zirkulierte. Das ist wichtig, weil dieser Brief eben nicht nur die Erfahrungen einer Gemeinde, sondern vieler Gemeinden widerspiegelt. Und das wiederum hat Folgen für alle Gemeinden an allen Orten und, wie wir hinzufügen möchten, zu allen Zeiten."[83]

Als Rundschreiben an alle Gemeinden in der Region von Ephesus kommt also diesem Brief, nach Ansicht der beiden Autoren, eine größere Bedeutung zu als den Briefen, die „nur" in Spezialsituationen von Einzelgemeinden geschrieben wurden, wie z.b. der Brief an die Gemeinde in Korinth. Wenn wir also den Herren Frost und Hirsch folgen, wäre damit ein Zusammenwirken der fünf Aufgaben/Dienste ein zentrales Thema für den Gemeindebau nach biblischem Vorbild. Dazu kommt, dass wir im Zusammenwirken des fünffältigen Dienstes auch die Dienste Jesu erkennen können, die der Gemeinde gegeben wurden:[84]

- Jesus als der Apostel und Hohe Priester (vgl. Hebräer 3,1)
- Jesus als Prophet (vgl. Lukas 24,19)
- Jesus als Lehrer (vgl. Johannes 3,2)
- Jesus als der erste Evangelist (vgl. Matthäus 4,23)
- Jesus als der große Hirte (vgl. Hebräer 13,20; Johannes 10)

Es gibt im NT auch einige Anhaltspunkte dafür, dass diese Bezeichnungen „Apostel", „Propheten", etc. für Gabenträger durchaus üblich waren und dass diese einzelnen Gaben auch zusammengewirkt haben. Es ist also nicht alles nur aus der Luft gegriffen. In Apostelgeschich-

---

[82] Frost, Michael; Hirsch, Alan: Die Zukunft gestalten - Innovation und Evangelisation in der Kirche des 21. Jahrhunderts, Glashütten 2008, S. 269 ff.

[83] Frost, Michael; Hirsch, Alan: Die Zukunft gestalten, S. 271.

[84] Vgl. Brodeur: Erweckungs Kultur, S. 381.

te 13,1 wird z.B. berichtet, dass in der Gemeinde von Antiochia Propheten und Lehrer gemeinsam gedient haben, wobei Barnabas und Paulus
nach ihrer Aussendung hauptsächlich als Apostel gesehen wurden (vgl.
Apostelgeschichte 14,4). In 1. Korinther 12,28 beginnt eine Gabenliste
mit Aposteln, Propheten und Lehrern und auch Epheser 2,20 nennt
Apostel und Propheten zusammen. Ansonsten kommen diese Begriffe
nicht in Kombinationen vor, sondern nur alleinstehend. Das ermöglicht
uns aber, Beschreibungen für diese Gaben zu finden: Der Begriff des
Apostels ist am besten beschrieben, gefolgt von dem des Propheten,
des Hirten und des Lehrers. Der Evangelist kommt im NT nur drei Mal
vor (vgl. Apostelgeschichte 21,8; Epheser 4,11; 2. Timotheus 4,5).

Zusammenfassend lässt sich also Folgendes sagen: Wenn Sie sich
den biblischen Befund anschauen, werden Sie auf ein Zusammenwirken
verschiedener Aufgaben oder Dienste stoßen, die Sie als Grundlage für
ein Leitungs- bzw. Gemeindebaumodell verwenden können, das auch in
der heutigen Gemeinde nicht unterschätzt werden darf. Für mich stützt
sich meine These aber vor allem auf die Worte des Paulus in seinem
Brief an die Gemeinde in Korinth:

„Und Gott hat in der Gemeinde eingesetzt
erstens Apostel,
zweitens Propheten,
drittens Lehrer,
dann Wundertäter, dann Gaben gesund zu machen (Evan-
gelisten),
zu helfen, zu leiten (Hirten) und mancherlei Zungenrede.“
(1. Korinther 12,28)

Das ist eine starke Aussage! Wenn Gott selbst diese Aufgaben und
Dienste in der Gemeinde eingesetzt, und sie dann auch noch in eine Art
Hierarchie gekleidet hat, kann ich darüber nicht einfach hinweggehen
und sagen: „Ach das ist ja nur eine einzige Schriftstelle. Daraus kann
man doch kein Modell für Gemeindebau entwerfen.“

Doch, das kann man! Denn Gott selbst hat es so vorgegeben. Auch
wenn das sicher nicht so gemeint ist, dass der Apostel, ähnlich eines
Diktators, an der Spitze der Hierarchie steht, sondern eher als „primus

inter pares"[85]. Die Tatsache, dass wir dies hunderte von Jahren ignoriert haben, sagt mehr über uns aus als über Gottes Willen für den Gemeindebau. Und dort, wo der fünffältige Dienst umgesetzt wird, stößt man auf durchweg positive Erfahrungen, die durch den Einsatz und das Zusammenwirken dieser Gaben gemacht wurden: Gott segnet es also ganz offensichtlich, was man als einen nicht unerheblichen Grund für dieses Modell anführen kann.

Wobei ich mit der Bezeichnung „Dienste" für die einzelnen Begriffe APOSTEL, PROPHET, LEHRER, EVANGELIST und HIRTE etwas vorsichtig bin. Denn der Begriff „Dienst" macht aus der Gabe leicht ein Amt oder sogar eine Institution. Das würde der Sache nicht gerecht werden.

Das gesamte Modell ist sicher ein wichtiger Dienst, der für die Gemeindearbeit eine ganz fruchtbare Auswirkung haben kann, sofern man ihn zur Ausprägung kommen lässt. Aber die einzelnen - ich nenne sie mal - „Bausteine" des Modells sind Gnadengaben Gottes, mit denen er Menschen beschenkt, damit sie anderen Menschen dienen können, ohne gleich zur Institution für sie werden zu müssen.

Die Gaben/Bausteine im Einzelnen
Diese Bausteine bzw. Gaben schauen wir uns jetzt im Einzelnen an. Hierbei gehe ich zunächst einmal in der Reihenfolge vor, wie die Gaben in Epheser 4 genannt werden. Dadurch entsteht keine Hierarchie, wobei ich auch noch etwas zur Stellung des Apostels und Propheten schreiben werde.

Der Apostel pflanzt
Den Begriff des Apostels hat Jesus vermutlich aus der römischen Kultur entliehen: Apostel waren zur Zeit Jesu römische Generäle, die speziell damit beauftragt waren, neues Land zu finden und zu erobern und die Kultur einer eroberten Nation zu reformieren. Sie lehrten die untergebenen Völker die römischen Gebräuche, Regeln und Sitten.

Die Römer hatten verstanden, dass sie ihre dominierende Stellung nur halten konnten, wenn sie die römische Kultur an diesen Orten einführten.

---

[85] Lateinisch für „Erster unter Gleichen".

Das gilt in ähnlicher Weise auch für den Bau des Reiches Gottes auf dieser Welt. Jesus sandte die Apostel aus, ganz wie die römischen Generäle seiner Tage, um nicht nur die Kranken zu heilen, Menschen zu retten und das Evangelium zu verkündigen, sondern auch um eine Kultur des Königreichs Gottes aufzubauen.

Wenn Jesus von Apostel gesprochen hat, wies er damit auch auf die Macht von Kultur hin, eine Bewegung entweder aufrecht zu erhalten oder zu verändern.[86]

Im NT bedeutet das Wort Apostel zunächst nur Gesandter oder Bote. Es kommt im Neuen Testament ca. 80 Mal vor, und hat im Laufe der Zeit einen Bedeutungswandel durchgemacht: Anfangs wurden nur die zwölf Jünger Jesu Apostel genannt; ihre Namen sind in Matthäus 10,2-4 aufgelistet. Unter ihnen war auch Judas, der Jesus schließlich verraten hat.

Nachdem Jesus gestorben und wieder auferstanden war, wurde ein Ersatz für Judas gewählt (vgl. Apostelgeschichte 1,20ff). Um zur Wahl aufgestellt zu werden, musste man Jesus in seiner menschlichen Gestalt gekannt haben und, zusammen mit den anderen Aposteln, den Dienst Jesu, von der Taufe bis zur Auferstehung, mitbekommen haben. Das sind strenge Bedingungen für das Apostelamt, die ganz sicher zum Aussterben der Apostel geführt hätten. Irgendwann wäre einfach niemand mehr am Leben gewesen, der Jesus persönlich als Mensch gekannt hätte und Zeuge der Auferstehung gewesen wäre.

Als Paulus das Apostelamt empfing, wandelten sich die Voraussetzungen für das Apostelamt: Paulus war erst einige Zeit nach der Auferstehung Jesu zum Glauben gekommen und war demnach auch nicht mit Jesus durchs Land gezogen; aber er hatte eine Offenbarung von Jesus gehabt. Seine Legitimation für das Apostelamt war, dass er den Herrn gesehen hatte (vgl. 1. Korinther 9,1), zwar nicht wie die anderen Apostel, aber auch er kannte Jesus persönlich durch den Heiligen Geist.

Das ist ein sehr wichtiges Kennzeichen, das die Apostel von Paulus an bis zum heutigen Tag verbindet: Es ist die Beziehung zu Jesus.

---

[86] Vgl. Vallotton, Kris: Der übernatürliche Lebensstil. Ein praktischer Leitfaden hin zu einem Leben von Zeichen und Wundern, Vaihingen/Enz 2009, S. 63f.

Niemand kann Gemeinde bauen, ohne Jesus zu kennen und Zeuge seiner Auferstehung zu sein, ob nun im Sinne der ersten Apostel oder wie bei Paulus, dem Geiste nach. Apostel sind immer Menschen, die von Gottes Geist gesandt sind. Und das begann schon zur Zeit des NT: Außer Paulus gab es noch Barnabas, der ein Apostel war (vgl. Apostelgeschichte 14,4+17), Jakobus, der Bruder Jesu (vgl. 1. Korinther 15,7; Galater 1,19), Silvanus (vgl. 1. Thessalonicher 2,7) und Andronikus und Junia (vgl. Römer 16,7).

Der Apostel ist ein Gemeindebauer und meist auch Gemeindegründer, der Strukturen und Fundamente legt. Es kommt oft vor, dass ein Apostel mehrere Gemeinden berät bzw. evtl. auch an einem Ort schwerpunktmäßig arbeitet und dabei andere Gemeinden berät. Als ein weiser Baumeister (vgl. 1. Korinther 3,9-10) legt er zusammen mit den Propheten den Grund (vgl. Epheser 2,19-21). Damit erhalten der Apostel und der Prophet eine etwas herausragende Stellung, die heute weitgehend verblasst ist. In der heutigen Gemeindelandschaft sind die Evangelisten, Hirten und Lehrer stark vertreten. Doch wo sind die Apostel und Propheten vertreten?

Dabei sagen diese Worte im Epheserbrief sicher nicht aus, dass Apostel und Propheten selbst als Grund der Gemeinde anzusehen sind. Das wäre zu weit gedacht, denn der Eckstein und Herr der Gemeinde ist und bleibt unser Herr und Heiland, Jesus Christus. Aber die Apostel und Propheten geben der Gemeinde vor Ort grundlegende Strukturen und vermitteln die grundlegenden Lehren, auf denen sich die jeweilige Gemeinde weiter entwickeln kann. Im NT zeigte sich diese Autorität auch darin, dass Apostel die Leitung (Älteste) der Gemeinde eingesetzt haben (vgl. Apostelgeschichte 14,23) bzw. indem sie diesen wichtigen Dienst an andere delegierten (vgl. Titus 1,5).

Die Autorität der Apostel, in Gemeindeprozesse einzugreifen, zeigt sich in den Briefen des NT, die an Gemeinden gerichtet sind. Oft wurden diese Briefe in mehreren Gemeinden vorgelesen, wenn ihr Inhalt allgemein gültig war. Ein schönes Beispiel sind die Sendschreiben des Johannes an die sieben Gemeinden in Kleinasien, die den Anfang des Buches der Offenbarung bilden.

Da der Apostel zur Ausübung seines Amtes unbedingt Autorität benötigt, ist er normalerweise in Leitungsfunktionen zu finden. Das ist zugleich auch einer der Unterschiede zu den anderen Bausteinen des fünffältigen Dienstes, die ihren Auftrag auch ausführen können, wenn sie sich nicht in direkten Leitungspositionen befinden. Gerade weil der apostolische Dienst einen so hohen Einfluss in Gottes Reich hat, ist es für Apostel von entscheidender Bedeutung, sich immer wieder vor Augen zu führen, dass Leitung und Autorität in Gottes Reich mit Demut und Dienst zu tun haben. Jesus selbst sagte einmal dazu:

„Ihr wisst, dass die Herrscher ihre Völker niederhalten und die Mächtigen ihnen Gewalt antun. So soll es nicht sein unter euch; sondern wer unter euch groß sein will, der sei euer Diener; und wer unter euch der Erste sein will, der sei euer Knecht, so wie der Menschensohn nicht gekommen ist, dass er sich dienen lasse, sondern dass er diene und gebe sein Leben zu einer Erlösung für viele."

(Matthäus 20,25-28)

In Gottes Reich ist der Größte der Diener aller anderen. Paulus dachte diesen Gedanken konsequent zu Ende, als er zu folgender Schlussfolgerung kam:

„Denn ich denke, Gott hat uns Apostel als die Allergeringsten hingestellt, wie zum Tode Verurteilte. Denn wir sind ein Schauspiel geworden der Welt und den Engeln und den Menschen. Wir sind Narren um Christi willen, ihr aber seid klug in Christus; wir schwach, ihr aber stark; ihr herrlich, wir aber verachtet. Bis auf diese Stunde leiden wir Hunger und Durst und Blöße und werden geschlagen und haben keine feste Bleibe und mühen uns ab mit unsrer Hände Arbeit. Man schmäht uns, so segnen wir; man verfolgt uns, so dulden wir's; man verlästert uns, so reden wir freundlich. Wir sind geworden wie der Abschaum der Menschheit, jedermanns Kehricht, bis heute." (1. Korinther 4,9-13)

Da Apostel eher Menschen mit Überblick sind, haben sie manchmal keinen guten Blick für die Detailfragen des Gemeindebaus. Apostel sind häufig sehr mobile Menschen, wie das Beispiel des Apostels Paulus zeigt. Als Gründertypen sind sie dauernd auf dem Sprung, etwas Neues anzufangen. Deshalb ist es gerade für Apostel wichtig, sich ihrer Ergänzungsbedürftigkeit bewusst zu werden, denn andere müssen ja auf dem

Grund weiterbauen, den sie gelegt haben. Wenn das nicht geschieht, ist die Arbeit des Apostels umsonst und es kommt zu Frustrationen. Dass dies in der Zeit des NT nicht so war, zeigen die Beispiele, in denen Apostel mit den anderen Bereichen des fünffältigen Dienstes zusammengearbeitet haben:

- Apostel und Lehrer (vgl. 1. Korinther 3,6)
- Apostel und Evangelist (vgl. Apostelgeschichte 5,5-17)
- Apostel und Prophet (vgl. Apostelgeschichte 11,27-30)
- Apostel und Hirte (vgl. Apostelgeschichte 20,17-28)

Auf der anderen Seite müssen Apostel nicht immer in Gemeinden aktiv sein, die sie selbst gegründet haben, oder ständig neue Gemeinden gründen. Paulus hatte z.b. die Gemeinde in Rom nicht gegründet (vgl. Römer 1,8-13), trotzdem hat er den Römerbrief an sie gerichtet. Es hat ganze Phasen im Leben des Paulus gegeben, in denen er keine Gemeinden gegründet, sondern nur einige unterstützt hat (vgl. Apostelgeschichte 14,21-23; 15,35; 15,41-16,4; 18,22-23).

Aufgaben, in denen man Apostel oft antrifft:
- Gemeindeleiter einer großen, wachsenden und sendenden Gemeinde
- Gemeindegründer, Pioniermissionar
- Gründer christlicher Werke, die über einen Ort hinausgehen
- Gemeindeberater (Gemeinde-Coach)
- Gründer aller möglichen Dienste (nicht notwendigerweise Gemeinden)

Wer sich mit der Frage auseinandersetzen möchte, ob die Gabe des Apostels auch Frauen zugänglich ist, dem möchte ich das Buch von Stefan Vatter: „Finden, fördern, freisetzen", empfehlen. Auf den Seiten 43 bis 45 wird diese Frage sehr positiv bearbeitet und beantwortet.

Der Prophet begießt

Das Wort Prophet bedeutet, dass jemand für einen anderen spricht. Ein Prophet ist von der griechischen Wortbedeutung her ein Sprecher oder Verkündiger. Das griechische Wort gibt auch sehr genau wieder, was mit dem hebräischen „nabu" des AT gemeint ist. Das griechische Wort wurde in der Antike nur im religiösen Sinne benutzt. Der Prophet ist demnach ein Sprecher Gottes. Und dieses Sprechen für Gott geschieht aufgrund von Inspiration, göttlicher Eingabe. Das bedeutet, der Geist des Propheten wird göttlich inspiriert: Gott spricht ihn an. Paulus schreibt in 1. Korinther 14,32 ausdrücklich, dass die Geister der Propheten den Propheten selbst untertan sind.

Gott schaltet also den Propheten nicht ab und spricht durch ihn wie durch ein Medium. Ganz so, wie es aus esoterischen oder okkulten Praktiken bekannt ist. Nein, Gott spricht auf ganz verschiedene Weise zu seinen Propheten, und diese geben das Wort Gottes an einzelne Menschen oder die Gemeinde weiter. Daraus leitet sich auch die Verantwortung des Propheten für seine Botschaft ab, denn er gibt mit seinen eigenen Worten das wieder, was Gott ihm gegeben hat.

Weil Propheten auch nur Menschen sind, was übrigens für alle prophetisch begabten Menschen gilt, kann sich manches zwischen die Worte einschleichen, die Gott seinem Propheten gegeben hat, und dem, was dieser anschließend an die Menschen weitergibt, an die die Worte Gottes gerichtet sind. Das ist der schlichte Hintergrund dessen, warum prophetische Worte nach 1. Korinther 14,29 geprüft werden sollen. Wir müssen einfach sicher gehen, dass die prophetischen Worte eines Menschen wirklich von Gott sind und nicht nur die persönliche Meinung des Propheten oder prophetisch Begabten wiedergeben.

Dieser prophetische Dienst kann unabhängig von einem Leitungsamt ausgeübt werden. Es kann sein, dass auch Propheten von Gott das Charisma der Leitung anvertraut wurde, aber das ist nicht notwendig, um diesen Dienst auszuüben. Gerade bei Propheten ist die Gefahr groß, sie als direkte Stimme Gottes anzusehen und dann alles ungeprüft zu übernehmen, was sie sagen. Diese Gefahr ist umso mehr da gegeben, wo Propheten in der Leitung der Gemeinde sind. Im NT sind einige Propheten erwähnt, die eindeutig nicht in der Leiterschaft standen, z.B.:

- Agabus (vgl. Apostelgeschichte 11,28; 21,10)
- Judas und Silas (vgl. Apostelgeschichte 15,31)

Propheten treten im NT selten allein auf, sondern normalerweise zu mehreren (vgl. Apostelgeschichte 11,27; 13,1-2; 15,32) oder in Verbindung mit anderen Diensten (vgl. 1. Korinther 12,28; Epheser 4,11). Propheten reden nicht nur über die Zukunft, obwohl die Offenbarung des Johannes eindeutig zeigt, dass dies auch vorkommen kann. Sondern nach meiner Erkenntnis hat Gott das prophetische Wort hauptsächlich für folgende Zwecke gegeben. Es dient ...

... der Erbauung (vgl. 1. Korinther 14,3), also Stärkung des Glaubens: Nathanael fing an zu glauben, weil Jesus eine Prophetie über ihn hatte (vgl. Lukas 1,48);

... der Ermahnung (vgl. 1. Korinther 14,3): Prophetie kann geheime Sünde und falsche Motivationen aufzeigen;

... dem Trost (vgl. 1. Korinther 14,3): in der Seelsorge ist Prophetie ein wichtiges Instrument, wenn es darum geht, einem Menschen den Trost Gottes zu vermitteln;

... der göttlichen Wegweisung.

Aufgaben, in denen man Propheten oft antrifft:
- Prediger
- Fürbitter
- Seelsorger
- Gemeinde-/Hauskreisleiter

Der Evangelist sät

Evangelisten werden im NT nur selten namentlich erwähnt. Das Wort leitet sich her von Evangelium, der guten Nachricht. Vom Wort her ist ein Evangelist also jemand, der die gute Nachricht verkündigt, oder dem sie auf jeden Fall besonders wichtig ist.

Apostelgeschichte 21,8 stellt uns einen Mann namens Philippus vor, der ein Evangelist war. Die Apostelgeschichte identifiziert ihn als „einen der sieben", also als einen der Männer „von gutem Zeugnis, voll Heiligem Geist und Weisheit" (vgl. Apostelgeschichte 6,3), die von den Aposteln als Diakone der Urgemeinde zur Versorgung der griechischen Witwen eingesetzt wurden.

Das zeigt uns, dass Evangelisten nicht unbedingt in der Gemeinde-leitung sein müssen, um ihren Dienst auszuüben. Paulus spricht nicht ausschließlich von Leitern, wenn es um den fünffältigen Dienst geht. Natürlich gibt es Evangelisten, die gute Leiter sind, aber allein die Berufung zum Evangelisten macht jemanden noch lange nicht zum Leiter.

Das muss gesagt werden, weil Evangelisten wegen der Bekehrungen und der Zeichen und Wunder, die in ihrem Umfeld geschehen, oft in Leitungspositionen hineingedrängt werden, die sie gar nicht unbedingt ausfüllen sollten. Evangelisten sind oft eher Diakone, denen in manchen Fällen der Überblick eines Ältesten über die Gemeinde fehlt.

Der Evangelist führt Menschen zum Glauben, das ist seine Grundaufgabe. Auf der anderen Seite hat Gott aber gerade die Evangelisten dazu berufen, die Gemeinde zur tätigen Evangelisation zu führen und nicht, „den ganzen Spaß allein zu haben". Und das umso mehr, weil Gemeinden gerne dazu neigen, sich auf ihre Evangelisten zu verlassen, die sich ja fürsorglich um die Heiden kümmern.

Aber nicht allein der Evangelist soll den Menschen die frohe Botschaft überbringen, sondern das soll jeder Christ tun. Der Missionsbefehl richtet sich nicht an die paar Evangelisten, die hoffentlich jede Gemeinde hat, sondern an jeden Christen. Darum ist es auch eine der Aufgaben eines Evangelisten, durch sein Zeugnis und auf jedem anderen Weg die Leidenschaft Jesu für die Verlorenen in der Gemeinde wach zu halten (vgl. Epheser 4,11-14).

Weil es für den Evangelisten nichts Wichtigeres gibt, als die gute Nachricht, ist sein Dienst nicht unbedingt auf geistliche Vertiefung ausgerichtet. Er bringt die Menschen zum Kreuz, aber selten weiter. Hier zeigt sich besonders, wie ergänzungsbedürftig Evangelisten sind, gerade durch den Dienst des Hirten und des Lehrers.

Gemeinden, die stark von Evangelisten geprägt werden, sind oft Gemeinden mit vielen Bekehrungen, aber hoher Fluktuation. Dadurch, dass die Neubekehrten nicht richtig in die Jüngerschaft geführt werden, verlassen manche Menschen die Gemeinde auch schnell wieder.

Aufgaben, in denen man Evangelisten oft antrifft:
- Pastor einer jungen, vermutlich auch wachsenden Gemeinde
- Missionar
- Leiter von Straßeneinsätzen
- Jugendgruppenleiter

Der Hirte pflegt

Der Hirtendienst wurde später unter der Berufsbezeichnung Pastor bekannt. Das Wort Pastor leitet sich von dem lateinischen Wort für Hirte ab, allerdings sind die Pastoren heute normalerweise Menschen mit der Gabenkombination Hirte-Lehrer-Leitung. Der Hirte nimmt im fünffältigen Dienst die Rolle des integrativen Leiters wahr: Schafhirten sorgen bei ihren Schafen dafür, dass die Herde zusammenbleibt, und dass sie gesund da ankommt, wo sie hin soll.

So hat der Hirte/Pastor im geistlichen Bereich die Aufgabe, die Gemeinde zusammen zu halten, zu schützen und zu leiten. Keine einfache Aufgabe, wenn man sich vor Augen hält, dass jeder Mensch einen anderen Hintergrund, einen anderen geistlichen Stand und unterschiedliche Neigungen hat. Ohne einen integrativen Leiter in der Mitte der Herde wird es nicht funktionieren, als Gesamtgemeinde dort anzukommen, wo Gott sie haben will.

Bereits sehr früh in der Antike kam eine Diskussion über das Amt des Hirten auf. In Platons Abhandlung über den „Staat" gibt es einen Dialog zwischen dem Philosophen Sokrates und dem Sophisten Trasymachos, in dem dieser die Ansicht vertritt, dass der Hirte nur aus kommerziellen Gründen an seiner Herde hängt. Gegen eine solche Auffassung des Hirtendienstes wendet sich der Apostel Petrus in seinem ersten Brief:

„Weidet die Herde Gottes, die euch anbefohlen ist; achtet auf sie, nicht gezwungen, sondern freiwillig, wie es Gott gefällt; nicht um schändlichen Gewinns willen, sondern von Herzensgrund; nicht als Herren über die Gemeinde, sondern als Vorbilder der Herde." (1. Petrus 5,2-3)

Auch wenn es nur beim Hirten so ausdrücklich erwähnt wird, gilt es natürlich für jeden Teil des fünffältigen Dienstes: Es geht nicht um Geld oder Ansehen, sondern um einen Auftrag und eine Berufung Gottes. Natürlich kann der fünffältige Dienst mit einer Menge Prestige einhergehen, aber es ist absolut falsch, der Gemeinde nur mit diesem Ziel zu dienen.

Zwischen dem Amt des Hirten und dem des Lehrers scheint im fünffältigen Dienst eine besonders enge Beziehung zu bestehen, was darauf schließen lässt, dass Lehre ein wichtiges Mittel des Hirtendienstes ist. Über das Amt des Hirten an sich ist kein Material im NT zu finden. Aber es gibt eine Fülle an Bibelstellen, die sich mit der Aufgabe von Hirten allgemein oder mit Jesus als Hirten speziell beschäftigen; z.B.: Johannes 10; Apostelgeschichte 20, 28-31; 1. Petr-us 5,1-5; usw.

Man kann deshalb auch davon ausgehen, dass sich das Hirtenamt direkt von Jesus ableitet. Jesus selbst ist der „Oberhirte" (Schlachter-Bibel) oder der „Erzhirte" (Luther-Bibel). Nicht nur die Apostel haben Jesus als Hirten bezeichnet; er hat sich selbst auch so genannt (vgl. Johannes 10). Im AT (vgl. Hesekiel 34,1-10) wird auch Gott mit einem Hirten verglichen. Ein Vorbild, dem es nachzueifern gilt!

Der Hirte …

… führt und leitet die Herde dahin, wo Gott sie haben will. Viele Ausleger sind der Ansicht, dass der Hirte somit gleichzusetzen ist mit den Ältesten;

… schützt die Herde. In Psalm 23 hat der Hirte einen Stab, mit dem er die Schafe leitet, aber er hat auch einen Stecken, einen Knüppel, mit dem er wilde Tiere von der Herde fernhält (vgl. 1. Samuel 17,34-36);

… tröstet die Herde und dient ihr damit seelsorgerlich;

… hält die Schafe zusammen und sucht diejenigen auf, die sich von der Herde (der Gemeinde) entfernen (vgl. Lukas 15,1-7);

… liebt die Schafe so sehr, dass er bereit ist, sein Leben für sie zu geben (vgl. Johannes 10,11).
Anders als Apostel und Propheten sind Pastoren oft sehr ortsgebunden, sie verbringen ihr Leben bei einer Herde;

… versorgt die Herde eines anderen. So wie David die Herde seines Vaters versorgte (vgl. 1. Samuel), versorgen die heutigen Hirten die Gemeinde Jesu.

Aufgaben, in denen man Hirten oft antrifft:
- Geistliche Mütter und Väter
- Leiter von Lebens-Gemeinschaften (möglicherweise auch therapeutischer Art)
- Seelsorger
- Väterliche Leiter kleiner Gemeinden
- Kindergärtnerinnen
- Pastoren, Pfarrer

Der Lehrer formt

Der Lehrer bringt anderen etwas bei. Das Wort wird im NT nicht weiter erklärt, was daran liegt, dass es ein altes Wort ist, das man einfach aus dem jüdischen Hintergrund heraus übernommen hatte. Als seine Eltern den zwölfjährigen Jesus in Jerusalem verloren hatten, saß er im Tempel „mitten unter den Lehrern, hörte zu und stellte Fragen" (vgl. Lukas 2,46). Diese Lehrer waren die jüdischen Rabbis, die das Gesetz Gottes kannten, befolgten und andere darin unterwiesen. In den Rabbis klingt auch schon die häufig auftauchende Gabenkombination von Hirte und Lehrer an, denn sie waren beides, Seelsorger und Prediger.

Zu Zeiten des Apostel Paulus hatten Lehrer in erster Linie zwei wichtige Funktionen: das Wort zu kennen und es zu lehren. Wir dürfen nicht vergessen, dass der Buchdruck erst anderthalb Jahrtausende später erfunden wurde. Bücher wurden von Hand abgeschrieben und waren daher außerordentlich teuer. Der Bibelausleger William Barclay schätzt den Wert eines solchen Buches im Umfang des NT auf umgerechnet ca. 250 Euro.

Dem Lehrer im NT kam die wichtige Aufgabe zu, Wissen über Jesus zu speichern. Er war selbst ein wandelndes Buch. Seine zweite wichtige Aufgabe war es, das Wissen, das er gespeichert hatte, den Menschen in der Gemeinde lebendig zu machen. Das verstehen wir unter Lehren. Die Menschen, die im ersten Jahrhundert zum Glauben kamen, wussten rein gar nichts über den christlichen Glauben. Möglicherweise hatten sie zwar eine Begegnung mit Jesus gehabt und hatten ihn im Herzen, aber sie waren noch ganz in ihrem alten Denken verstrickt.

Die Gemeinden entstanden in einer völligen Pioniersituation, und die Menschen brauchten Lehre über das Leben mit Jesus. Der Lehrer ist also für den Teil des Missionsbefehls zuständig, in dem es heißt: *„...lehrt sie alles zu halten, was ich euch befohlen habe"* (Matthäus 28,20).

Der Lehrer war und ist ein Mensch, in dem das Wort lebendig ist und der es in anderen lebendig macht. Ein Beispiel für einen Lehrer im NT ist Apollos. In Apostelgeschichte 18,23-28 begegnen wir ihm zum ersten Mal, und zwar in Ephesus. Apollos war ein *„beredter Mann"* und zudem *„mächtig in den Schriften"*. Das heißt, er hatte eine natürliche Begabung zu reden. Er gehörte zu diesen Menschen, denen man einfach zuhören muss. Zudem kannte er sich im AT gut aus. Er wusste nicht nur, wie man etwas sagen muss, sondern auch, was er sagen sollte.

Aber er hatte ein Problem: Vom jüdischen Hintergrund kommend, *„kannte er nur die Taufe des Johannes"*. Er hatte zwar das Evangelium der Buße verstanden, aber ihm fehlte noch die Taufe in Heiligem Geist. Bei einer seiner Predigten hörte ihn ein frommes Ehepaar, Prisca und Aquila. Ihnen fiel der Mangel sofort auf, und sie nahmen Apollos bei sich zu Hause auf, um ihm den *„Weg Gottes noch genauer auszulegen"*. Erst nach dieser Unterweisung wurde der Dienst des Apollos richtig effektiv, und er *„widerlegte die Juden kräftig und erwies öffentlich durch die Schrift, dass Jesus der Christus ist"* (vgl. Apostelgeschichte 18,28).

Der Dienst des heutigen Lehrers unterscheidet sich wenig vom Dienst des Lehrers zur Zeit der Apostel. Zwar gibt es mittlerweile sehr gute Bibeln zu einem günstigen Preis, aber der Lehrer ist noch immer ein Speicher von Bibelwissen. Mehr als die meisten Christen werden Lehrer von einer Liebe zu Gottes Wort angetrieben und sehnen sich danach, Gott in der Bibel zu erkennen. Ihre eine Leidenschaft gilt der Bibel und ihrem Studium und ihre andere der Gemeinde und den Christen. Sie wollen lehren, weil es ihnen ein Anliegen ist, dass Christen das Richtige glauben. Lehrer möchten anderen etwas über Jesus, die Gemeinde und das Leben als Christ beibringen. Ihr Dienst macht anderen die Bibel lebendig.

Aufgaben, in denen man Lehrer oft antrifft:

- Prediger

- Mentoren

- Schriftsteller

- Bibelschullehrer

- Hauskreisleiter mit Schwerpunkt Lehre

Zusammenfassung

	Apostel	Prophet	Evangelist	Hirte	Lehrer
Sie mögen	Länder Völker Städte Gebiete	Die Stimme und die Nähe Gottes	Nicht-Christen	Einzelne Menschen Gruppen Gemeinden	Das geschriebene Wort Gottes
Sie sollen	Gehen, Sendung erfüllen pflanzen	Das Gehörte weitersagen	Nicht-Christen erreichen	Treu sein im „Weiden"/ Betreuen	Das Wort hegen, pflegen und vermitteln
Sie schauen	Auf den Befehl und die Strategie Gottes	In das Herz Gottes und der Menschen	In die verlorene Welt	Auf Gesichter und in Herzen	In das Wort Gottes
Sie wirken	Bewegung Ausbreitung Multiplikation	Betroffene Herzen Umkehr Motivation	Neue Menschen Neue Frische zahlenmäßiges Wachstum	Heilung Geborgenheit Offenheit Schutz	Stabilität Reife Ausrüstung

Richtig gut illustriert werden die besonderen Merkmale und Unterschiede in dem Buch „Kultur der Ehre" von Danny Silk. Er verwendet dazu eine Szenerie, die man jeden Tag in den Nachrichten verfolgen kann. Vielleicht war der eine oder andere von Ihnen auch schon einmal in der Situation, dass er zu einem Autounfall dazugekommen ist.

Ich zitiere aus seinem Buch[87]:

„Der Pastor springt als erster aus dem Auto. Er klettert herum, peilt die Lage, und beginnt gezielt mit Erste-Hilfe-Maßnahmen an Verletzten. Er sammelt Decken, Jacken, Wasser und alles Mögliche andere ein, um

---

[87] Silk: Ehre, S. 56-58.

zu helfen und zu versorgen. Er behält den Überblick, kümmert sich um die allgemeine Sicherheit aller Anwesenden, der Verletzten, sowie der Zuschauer, die durch den Unfall angelockt werden. Er spricht mit jedem Einzelnen, fragt nach Namen und Familienstand, und ob es Kinder gibt. Er sammelt alle nützlichen Informationen, um das Notfallteam so schnell und effektiv wie möglich einzuweisen. Seine Anwesenheit bringt Ruhe in die Situation, die Leute fühlen sich gut aufgehoben und besonders mit ihm verbunden. Er fragt sich ernsthaft, ob er hätte Arzt werden sollen.

Der Lehrer taucht als nächster auf. Er analysiert die Lage, um die Ursache für den Unfall zu ergründen. Er stellt sich ein wenig abseits, untersucht die Bremsspuren, schätzt die Abstände der Fahrzeuge und ihre Geschwindigkeit vor dem Aufprall ab. Aus seinem reichen Wissensschatz der Straßenverkehrsregeln und des Autofahrer-Handbuchs kann er eine fundierte Theorie über den Verursacher des Unfalls herleiten. Sein Fazit ist, dass Autofahrer im ganzen Land mehr Schulung benötigen und von Pflichtunterricht sowie kontinuierlicher Weiterbildung sehr profitieren würden.

Nun erscheint ***der Evangelist*** am Ort des Geschehens. Er fragt jeden, der dank des Pastors schon in Sicherheit gebracht wurde: »Wenn du heute an deinen Verletzungen sterben müsstest, wüsstest du, wohin du gehst? In den Himmel oder die Hölle?« Danach bemerkt er die große Menge an Zuschauern und Schaulustigen in ihren Autos. Er stellt ihnen die gleiche Frage: »Es gibt keine Garantie dafür, dass ihr heute sicher nach Hause kommt. Wisst ihr, wohin ihr dann geht?«

Die Menschen geben ihr Herz dem Herrn, sofort an Ort und Stelle, dort am Straßenrand. Dann erklärt er all den frischen Gläubigen, dass das größte Geschenk, was man jemandem machen kann, das Geschenk der Errettung ist. Er bringt ihnen bei, wie man andere zu Jesus führt, betet mit allen gemeinsam um die Erfüllung mit dem Heiligen Geist. Später sagt er: »Das war super!« und beschließt, sich auf dem Rückweg in die Stadt einen Polizeifunk-Empfänger zuzulegen.

Der Prophet wusste schon Bescheid, denn er hatte die Nacht davor von dem Unfall geträumt. Da in seinem Traum alle den Unfall überlebt hatten, widersteht er dem Geist des Todes und spricht voller Glauben und Salbung aus, dass alle leben und niemand sterben wird. Er verkündet, dass Engel um die Unfallstelle herum aufgestellt sind, und betet für geöffnete Augen der Herzen, damit alle diese geistliche Realität wahrnehmen können.

Dann geht er einfach herum, und spricht über den einzelnen Leuten die Bestimmung für ihr Leben aus. Weiterhin setzt er einen Geist der Offenbarung über der ganzen Gruppe frei. Schließlich findet er durch Herumfragen heraus, wer der Leiter der Gruppe ist. Wenn er ihn gefunden hat, stellt er fest, ob derjenige wirklich von Gott dazu berufen ist. Oder falls sich keine solche Person finden lässt, bestimmt er einen Leiter.

__Der Apostel__ betet für die Verletzten. Er lädt das übernatürliche Wirken der Heilung Gottes an den Unfallort ein. Er berichtet, wie er selbst Gottes Kraft und Sein Eingreifen bei anderen Autounfällen schon erlebt hat. Der Glaubenspegel bei den Menschen beginnt zu steigen. Er fragt herum, ob jemand Wärme in den Händen verspürt. Diejenigen, die dann die Hände heben, lässt er für andere um Heilung beten. Er demonstriert allen Anwesenden, dass das Reich Gottes ganz nahe ist. Später eröffnet er eine Schule für Menschen, die Zeugen von Autounfällen werden und sendet sie in alle Welt, um Zeichen und Wunder zu tun."

Dieses Szenario zeigt nicht nur, wie die Gaben in einer Situation wirken können, sondern dass es bei jeder dieser Gaben auch um eine innere Haltung geht. Die jeweilige Gabe entscheidet darüber, wie jemand die Umstände wahrnimmt, und daraus resultiert ein unterschiedlicher Lösungsansatz für ein und dieselbe Situation. Dabei zeigt sich auch, dass keine Gabe wichtiger oder richtiger ist, sondern dass sie sich gegenseitig ergänzen, weil sie ergänzungsbedürftig sind. Das macht uns auch demütig! Vielleicht hat Gott es ja deshalb so eingerichtet.

Der fünffältige Dienst in der Praxis

In der Praxis und der Literatur wird der fünffältige Dienst sehr unterschiedlich gesehen, vor allem was die geographische bzw. strukturelle Zuordnung betrifft. Mir ist an dieser Stelle sehr wichtig, dass wir dem Geist Gottes die völlige Freiheit lassen, ob die einzelnen GABEN oder BAUSTEINE nun international, national, regional oder lokal angesiedelt sind. Eine interessante Sicht dazu fand ich in einem Buch von Gerti Strauch, wo sie darauf eingeht, dass Reich Gottes mehr ist, als nur die Gemeinde:

„Auf Gott hören, beiseitetreten und den Heiligen Geist machen lassen. Und wach und bereit sein zu gehorchen. Dasselbe Prinzip gilt für alles, was die Gemeinde betrifft. Es geht ums Loslassen und darum, dem Heiligen Geist in anderen und in der Gemeinde alles zuzutrauen [...] Wir werden die Leute in der Gemeinde ermutigen, ihre Lebensaufgabe selbst zu finden. Wir geben ihnen die Erlaubnis, ihre Berufung auch außerhalb des Gemeindeprogramms in ihrem privaten oder beruflichen Umfeld zu leben und ihre eigenen Ideen zu verwirklichen [...] Es geht im Reich Gottes eben nicht allein um Gemeinden, nicht nur um uns Fromme, sondern um die ganze Welt, die Gott liebt.

Nicht nur den Gemeinden will Gott einen Pastor geben, sondern auch der Polizei, dem Gesundheitswesen und der Stadt. Ein Abteilungsleiter zum Beispiel ist der Pastor, der Hirte seiner Leute, auch wenn sie keine Christen sind. Prophetisch Begabte sollen nicht nur in der Gemeinde reden, sondern ebenso in allen gesellschaftlichen Bereichen wie etwa in der Finanzwelt. Dort sollen sie Gottes Willen erkennen und aussprechen. Gott sendet seine Leute in die Aufsichtsräte und als Abgeordnete in die Parlamente, zu den Firmenchefs und Belegschaftsvertretern, damit sein Wille geschieht.

Evangelisten sollen nicht nur in Gemeinde- und Groß-Veranstaltungen Menschen zu Jesus führen, sondern auch in den Stadtwerken und Büros, den Einkaufszentren und dem Theater. Es soll nicht nur Apostel geben, die unsere christlichen Gemeinde-Bünde und Denominationen leiten, sondern zum Beispiel auch Apostel für unsere Städte, für Geschäftsleute und Unis. Sie haben den Auftrag, Fundamente für das Reich Gottes in der Stadt, in die Geschäftswelt und bei der zukünftigen gesellschaftlichen Elite zu legen.

Gott beauftragt nicht nur Lehrer für unsere Bibelstunden, sondern auch Menschen mit einer Lehrbegabung, um jeden Bereich in der Gesellschaft mit Gottes Wort zu durchtränken. Sie sollen die Prinzipien des Gottesreichs erklären. Sie sollen die grundlegenden Wahrheiten der Bibel in ihrem Alltag, in den Fortbildungen für Manager und in wissenschaftlichen Diskursen lehren. Gott hat so viel mehr für seine Leute. Es geht ihm um sein Reich! Weil wir das verstehen in unserer Nachfolge, treten wir zurück mit unseren eigenen Ideen und lassen den Heiligen

Geist seine Pläne ausführen."[88]

Wenn Sie dies auf die Gemeinde anwenden, kann es schon sein, dass ein Hirte eher vor Ort angesiedelt ist als ein Apostel. Dennoch könnte ich mir auch den Hirten überregional und den Apostel vor Ort vorstellen. Es gibt unzählig viele Möglichkeiten, diese Gaben einzusetzen. Gerade deshalb scheint es mir sehr wichtig, dass die Person, die von Gott zu einem Dienst berufen ist, sich genau dort einsetzen lässt, wo Gott es will. Dann wird es richtig und die Gemeinde (regional oder auch überregional) wird davon profitieren.

Ebenso verhält es sich mit der Frage, ob die Bausteine des fünffältigen Dienstes grundsätzlich in der Gemeindeleitung positioniert sind oder nicht. Ich denke, dass die Gemeindeleitung (Älteste) vor allem aus Menschen zusammengesetzt sein muss, die von Gott in die Leitung einer Gemeinde gerufen sind, ganz egal, ob sie eine der Gaben des fünffältigen Dienstes haben oder nicht, wobei der Apostel dabei eine Sonderstellung einnimmt. Ihn sehe ich auf jeden Fall in der Gemeindeleitung bzw. zumindest in der engen Zusammenarbeit mit der Gemeindeleitung, wenn er überregional tätig ist.

Ansonsten gilt das eben Gesagte. Wenn die Leiter der Gemeinde dann noch z.B. prophetisch, evangelistisch oder lehrhaft begabt sind, ist das sicher ein großer Gewinn für das Leitungsteam und die Gemeinde. Ich finde es in Sachen Gemeindeleitung bemerkenswert, dass Paulus den Leitern (Ältesten) der Gemeinde, im Gegensatz zu den Diakonen, als Voraussetzung zum Dienst dieses „geschickt zum Lehren" ins Stammbuch geschrieben hat (vgl. 1. Timotheus 3,1ff.; Titus 1,5ff.). Allerdings kann dieses „geschickt zum Lehren" auch im Sinne von „anleiten" verstanden werden, z.B. zur Jüngerschaft anleiten (Mentor/geistl. Vater/Mutter), oder auch im Sinne von „belehrbar sein".

Generell könnte ich mir auch vorstellen, dass der fünffältige Dienst eher „flankierend" zur Gemeindeleitung arbeitet. Das würde allerdings voraussetzen, dass die Gemeindeleitung demütig genug ist anzuerkennen, dass diese Menschen von Gott für bestimmte Situationen Informationen erhalten oder zu etwas aufgefordert werden, was die Ältesten

---

[88] Strauch: Gemeindekarussell, S. 171f.

selbst von Gott nicht zu hören bekamen (vgl. 1. Korinther 14,26).

Für eine Gemeinde vor Ort wäre auch Folgendes denkbar: Man könnte die Bereiche einer Gemeinde anhand der fünf großen Aufträge des Neuen Testaments für die Gemeinde strukturieren (siehe Bild auf der nächsten Seite). Das heißt, man hätte die großen Bereiche Gemeinschaft, Nachfolge, Anbetung, Dienst und Evangelisation, in die man die einzelnen Gruppen, Zell- und Dienstgruppen, Dienste und Kreise einordnen würde. Nebenbei bemerkt habe ich dies in Gemeinden schon mit eingeführt, für die ich z.B. als Pastor oder ehrenamtlicher Gemeindeleiter verantwortlich war. Das war sehr hilfreich, sowohl für die Leitung einer Gemeinde, als auch für deren Mitglieder.

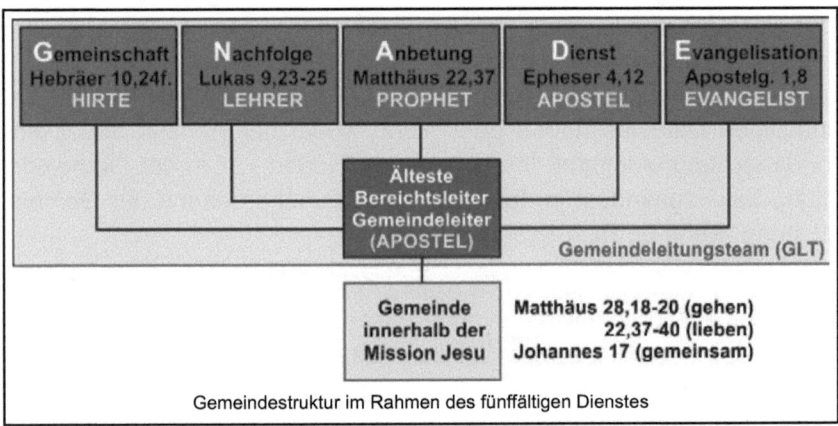

Gemeindestruktur im Rahmen des fünffältigen Dienstes

In solch einer Struktur können z.B. die Träger der Gaben des fünffältigen Dienstes Verantwortung für diese einzelnen Bereiche übernehmen und damit eine solide Grundlage für die Gemeinde bilden. In der Praxis kann dies bedeuten, dass sie z.B. als Bereichsleiter für die fünf Bereiche fungieren, in die man wieder einzelne Bereiche eingliedern könnte, usw. Auf diese Weise kann eine Gemeinde, gestützt auf den fünffältigen Dienst, nahezu unbegrenzt wachsen, qualitativ und quantitativ.

Und wenn es um Prozesse geistlichen Wachstums und um die Jüngerschaft von Christen geht, die von Seiten einer Gemeinde unterstützt werden müssen, kann sich eine weitere Möglichkeit für den Einsatz der fünf Bausteine des fünffältigen Dienstes ergeben. Dies führe ich jetzt hier nicht aus, da ich bereits im Abschnitt „Gemeindearbeit mit Struktur" darauf eingegangen bin.

Ich denke, dass diese Ausführungen auf jeden Fall gezeigt haben, wie wichtig Apostel, Propheten, Lehrer, Evangelisten und Hirten nicht nur zu Zeiten des NT waren, sondern dass uns Gott diese Gaben nicht umsonst gegeben hat. Sie dürfen deshalb nicht einfach über sie hinweg gehen, sondern sollten immer dafür offen sein, sie in die Gemeindearbeit einzubinden, damit Sie, gelenkt von Gott, Ihre Gemeinde- und Veränderungsprozesse zum Ziel bringen können.

Anlage 4 - Kriterien für den „Reifegrad" eines Christen

In der Fellowship Bible Church North verwenden wir das folgende Formular[89], das sich auf die Qualifikationen für Älteste in 1.Timotheus 3,1-7 und Titus 1,6-9 stützt, um Kandidaten für die geistliche Leitung der Gemeinde zu beurteilen.

Untadelig

1. Wie beurteilen Sie seinen/ihren Ruf als Christ sowohl unter anderen Gläubigen als auch unter Nichtgläubigen?

Nicht zufriedenstellend 1 2 3 4 5 6 7 Zufriedenstellend

Mann einer Frau

2. Wie beurteilen Sie sein/ihr Verhältnis mit seinem/ihrem Ehepartner?

Nicht zufriedenstellend 1 2 3 4 5 6 7 Zufriedenstellend

Nüchtern

3. Wie beurteilen Sie seine/ihre Ausgewogenheit in seinem/ihrem Christsein?

Nicht zufriedenstellend 1 2 3 4 5 6 7 Zufriedenstellend

Besonnen

4. Wie beurteilen Sie seine/ihre Weisheit und Urteilsfähigkeit?

Nicht zufriedenstellend 1 2 3 4 5 6 7 Zufriedenstellend

Sittsam

5. Wie denken Sie darüber, inwieweit sein/ihr Leben das Leben Jesu Christi widerspiegelt?

Nicht zufriedenstellend 1 2 3 4 5 6 7 Zufriedenstellend

Gastfrei

6. Wie beurteilen Sie seine/ihre Freigebigkeit?

Nicht zufriedenstellend 1 2 3 4 5 6 7 Zufriedenstellend

---

[89] Aus: Getz, Gene A.: Kompetent leiten & führen, Marburg 2006.

Lehrfähig

7. Wie beurteilen Sie seine/ihre Fähigkeit, mit Menschen umzugehen, die anderer Meinung sind als er/sie?

Nicht zufriedenstellend 1 2 3 4 5 6 7 Zufriedenstellend

Kein Trinker

8. Wie zufrieden sind Sie mit seiner/ihrer Fähigkeit, die verschiedensten Leidenschaften und Zwänge zu beherrschen?

Nicht zufriedenstellend 1 2 3 4 5 6 7 Zufriedenstellend

Nicht eigenmächtig

9. Wie zufrieden sind Sie mit seiner/ihrer Fähigkeit, mit anderen Menschen umzugehen, ohne selbstsüchtig und beherrschend zu sein?

Nicht zufriedenstellend 1 2 3 4 5 6 7 Zufriedenstellend

Nicht jähzornig

10. Wie zufrieden sind Sie mit seinem/ihrem Umgang mit Zorn?

Nicht zufriedenstellend 1 2 3 4 5 6 7 Zufriedenstellend

Kein Schläger

11. Wie zufrieden sind Sie mit seiner/ihrer Fähigkeit, auf verbale und körperliche Gewalt zu verzichten?

Nicht zufriedenstellend 1 2 3 4 5 6 7 Zufriedenstellend

Gütig

12. Wie objektiv und gerecht ist er/sie in seinen/ihren Beziehungen zu anderen?

Nicht zufriedenstellend 1 2 3 4 5 6 7 Zufriedenstellend

Nicht streitsüchtig

13. Wie zufrieden sind Sie mit seiner/ihrer Fähigkeit, Streit zu meiden?

Nicht zufriedenstellend 1 2 3 4 5 6 7 Zufriedenstellend

Nicht geldliebend

14. Wie zufrieden sind Sie mit seiner/ihrer Fähigkeit, nicht materialistisch zu sein?

Nicht zufriedenstellend 1 2 3 4 5 6 7 Zufriedenstellend

Dem eigenen Haus gut vorstehen

15. Wenn er/sie Kinder hat, wie zufrieden sind Sie mit seiner/ihrer Fähigkeit, die Elternrolle nach dem Plan Gottes auszufüllen?

Nicht zufriedenstellend 1 2 3 4 5 6 7 Zufriedenstellend

Das Gute liebend

16. Wie zufrieden sind Sie mit seinen/ihren Bemühungen, „das Böse mit Gutem zu überwinden"?

Nicht zufriedenstellend 1 2 3 4 5 6 7 Zufriedenstellend

Gerecht

17. Wie zufrieden sind Sie mit seiner/ihrer Fähigkeit, in seinen/ ihren Beziehungen zu anderen gerecht und ausgewogen zu sein?

Nicht zufriedenstellend 1 2 3 4 5 6 7 Zufriedenstellend

Heilig

18. Wie zufrieden sind Sie damit, wie sein/ihr Leben die Heiligkeit Gottes erkennen lässt?

Nicht zufriedenstellend 1 2 3 4 5 6 7 Zufriedenstellend

Enthaltsam

19. Wie zufrieden sind Sie mit seiner/ihrer Fähigkeit, ein diszipliniertes Leben als Christ zu führen?

Nicht zufriedenstellend 1 2 3 4 5 6 7 Zufriedenstellend

Geistliche Reife

20. Wie beurteilen Sie insgesamt seine/ihre Reife als Christ?

Nicht zufriedenstellend 1 2 3 4 5 6 7 Zufriedenstellend

Anlage 5 - Die Mission Jesu für seine Gemeinde[90]

Jesus Christus, der Sohn des lebendigen Gottes, ist das Fundament der Gemeinde:

> *„So seid ihr nun nicht mehr Gäste und Fremdlinge, sondern Mitbürger der Heiligen und Gottes Hausgenossen, erbaut auf den Grund der Apostel und Propheten, da Jesus Christus der Eckstein ist, auf welchem der ganze Bau ineinander gefügt wächst zu einem heiligen Tempel in dem Herrn."*
>
> *(Epheser 2,19-21)*

Und Jesus Christus, der Sohn des lebendigen Gottes, ist das Haupt der Gemeinde:

> *„Und er (Jesus) ist das Haupt des Leibes, nämlich der Gemeinde."* *(Kolosser 1,18)*

Das ist und bleibt so, auch wenn die Gemeindeleitung (Ältesten) in der menschlichen Realität die verantwortlichen Leiter einer Gemeinde sind (siehe Grafik). Diese göttliche Dynamik einer apostolischen Gemeinde-Arbeit muss von der Gemeindeleitung gewollt sein, wenn von ihr der Impuls ausgehen soll, als Nachfolger Jesu, im Sinne und in der Mission Jesu, GEMEINSAM weiter kommen zu wollen.

Dabei ersetzen jedoch die Charismen der Apostel, Propheten, Evangelisten, Hirten und Lehrer (A HELP)[91] im NT nirgends die Gemeindeleitung.

Der sog. „fünffältige Dienst" (vgl. Epheser 4,11-16) darf jedoch auch nicht losgelöst von der Gemeindeleitung gesehen werden, sondern ist dicht mit ihr verbunden:

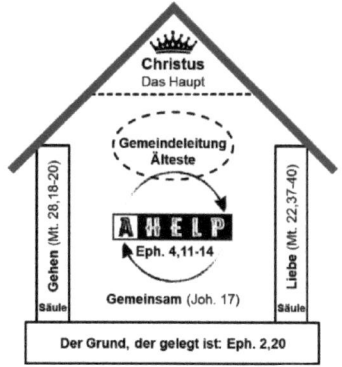

---

[90] Quellen: Stefan Vatter: Finden - Fördern - Freisetzen, Neufeld-Verlag, Schwarzenfeld ²2016. Dave Ferguson (Exponential): What's missing from the Jesus-Mission?, youtube.com/watch?v=fhIH0ZOrVds&t=71s, vom 3.12.2019.

[91] A HELP (eine Hilfe) ist ein Akronym für Apostel - Hirte - Evangelist - Lehrer - Prophet.

„Und er hat einige als Apostel eingesetzt, einige als Pro-
pheten, einige als Evangelisten, einige als Hirten und Leh-
rer, damit die Heiligen zugerüstet werden zum Werk des
Dienstes. Dadurch soll der Leib Christi erbaut werden, bis
wir alle hingelangen zur Einheit des Glaubens und der Er-
kenntnis des Sohnes Gottes, zum vollendeten Mann, zum
vollen Maß der Fülle Christi, damit wir nicht mehr unmündig
seien und uns von jedem Wind einer Lehre bewegen und
umhertreiben lassen durch trügerisches Spiel der Men-
schen, mit dem sie uns arglistig verführen. Lasst uns aber
wahrhaftig sein in der Liebe und wachsen in allen Stücken
zu dem hin, der das Haupt ist, Christus, von dem aus der
ganze Leib zusammengefügt ist und ein Glied am andern
hängt durch alle Gelenke, wodurch jedes Glied das andere
unterstützt nach dem Maß seiner Kraft und macht, dass der
Leib wächst und sich selbst aufbaut in der Liebe.“

(Epheser 4,11-16)

Das heißt, die Gemeinde wird dazu eingeladen, Nachfolger Jesu mit
den Gaben oder Berufungen des Apostels, Propheten, Evangelisten,
Hirten und Lehrer zu finden, und sie so in die Gemeindearbeit zu integrieren, dass es möglich ist, Menschen auf ihrem Weg zu begleiten, ge-
horsame Jünger Jesu zu werden.

Ideal wäre, wenn möglichst viele Gaben des fünffältigen Dienstes
auch in der Gemeindeleitung vorhanden wären, und von dort in die Gemeinde ausgehen würden. Durch den fünffältigen Dienst kann der ganze Leib Christi aktiviert werden und Fahrt aufnehmen. Denn, wo die
Gaben des fünffältigen Dienstes zirkulieren, gerät die Gemeinde in Bewegung. Stillstand ist dann nicht mehr möglich.

Dies ist in der Praxis jedoch nur möglich, wenn sich die Gemeinde
zu Herzen nimmt, was Jesus zum Zusammenleben seiner Nachfolger in
der Gemeinde gesagt hat:

„Ein neues Gebot gebe ich euch, dass ihr euch untereinan-
der liebt, wie ich euch geliebt habe, damit auch ihr einander
lieb habt. Daran wird jedermann erkennen, dass ihr meine
Jünger seid, wenn ihr Liebe untereinander habt.“

(Johannes 13,34-35)

Woraus folgen wird, was Johannes später so beschreibt:

„Daran haben wir die Liebe erkannt, dass er (Jesus) sein Leben für uns gelassen hat; und wir sollen auch das Leben für die Brüder lassen." (1. Johannes 3,16)

Die Gemeinde Jesu spiegelt demnach als soziale und geistlich orientierte Gruppe das Leben Jesu wider. Wie dies aus Gottes Sicht in der Praxis aussehen könnte, zeigen ein paar Beispiele aus der Bibel:

Gott möchte ...

... dass die Gemeinde eine erweiterte Familie ist (vgl. 1. Timotheus 3,14-16; Markus 19,29-30)

... dass die Gemeinde Jesus und seine Weisheit den geistlichen Wesen im himmlischen Bereich bekannt macht (vgl. Epheser 3,10)

... dass ihn die Gemeinde - durch Jesus - in Lobpreis und Anbetung verherrlicht (vgl. 1. Petrus 2,9; Kolosser 3,16)

... dass die Gemeinde auf dem Fundament der Wahrheit - Jesus Christus - aufgebaut ist
(vgl. 1. Timotheus 3,15; Titus 1,5-9; Apostelgeschichte 20,27-31)

... dass die Gemeinde eine Gemeinschaft ist, in der Jesus durch seinen Geist wohnt (vgl. 1. Korinther 12,27; 2. Korinther 6,16)

... dass die Kirche auf die Armen und Witwen achtet und sie versorgt (vgl. Apostelgeschichte 6; Jakobus 1,27)

Wenn die Gemeinde eine erweiterte Familie ist, in der Menschen sich mit ihren Gaben und Fähigkeiten engagieren, dann geschieht dies im obigen Sinne nicht als christlicher Club, der auf sich selbst fixiert ist, sondern nur als Gemeinschaft von Nachfolgern Jesu, die einander zu Veränderung und Wachstum hilft, und die Menschen außerhalb für das begeistert, was sie selbst innerhalb der Gemeinde mit Jesus erleben.

In diesem Sinne beinhaltet biblische Jüngerschaft immer Lehre und Unterweisung. Und in der gleichen Zeit, so lehrt uns Jesus durch sein Leben, muss Jüngerschaft auch auf der Grundlage von Liebe, Dienst und Freundschaft geschehen. Die Umgebung für Jüngerschaft in den Evangelien war immer Beziehung.

Und diese war zielorientiert, indem Jesus seine Jünger dazu führte, ihm zu vertrauen und ihm nachzufolgen.

Eine solche Dynamik geht dann auch nicht an der Gemeindeleitung vorbei, sondern erfasst sie mit und zielt auf das Haupt, welches Christus ist (wie in obiger Grafik angedeutet). Die Faszination Jesu, seine Schönheit und Herrlichkeit wird daraufhin in der Welt aufleuchten und Gott verherrlichen:

> *„In ihm sind wir auch zu Erben eingesetzt worden, die wir dazu vorherbestimmt sind nach dem Vorsatz dessen, der alles wirkt nach dem Ratschluss seines Willens; damit wir etwas seien zum Lob seiner Herrlichkeit, die wir zuvor auf Christus gehofft haben. In ihm seid auch ihr, die ihr das Wort der Wahrheit gehört habt, nämlich das Evangelium von eurer Seligkeit - in ihm seid auch ihr, als ihr gläubig wurdet, versiegelt worden mit dem Heiligen Geist, der verheißen ist, welcher ist das Unterpfand unsres Erbes, zu unsrer Erlösung, dass wir sein Eigentum würden zum Lob seiner Herrlichkeit."* (Epheser 1,11-14)

So entsteht in der Gemeinde eine gesellschaftsrelevante Licht- und Salzdynamik, die nach außen hin in Wort und Tat sichtbar ist. Auf Gemeinden, in denen der fünffältige Dienst zirkuliert, trifft dann das Wort Jesu zu:

> *„Ihr seid das Salz der Erde. Ihr seid das Licht der Welt."*
>
> *(Matthäus 5,13-14).*

Unverzichtbare Stützen bilden dabei die beiden Pfeiler einer jeden Gemeinde (siehe obige Grafik): Als linke Stütze der von Jesus ausgesprochene „Missionsbefehl" (GEHEN):

> *„Und Jesus trat herzu und sprach zu ihnen: Mir ist gegeben alle Gewalt im Himmel und auf Erden. Darum gehet hin und machet zu Jüngern alle Völker: Taufet sie auf den Namen des Vaters und des Sohnes und des Heiligen Geistes und lehret sie halten alles, was ich euch befohlen habe. Und siehe, ich bin bei euch alle Tage bis an der Welt Ende."* *(Matthäus 28,18-20)*

144

Als rechte Stütze das von Jesus ausgegebene „Liebesgebot" (LIEBE):

> *„»Du sollst den Herrn, deinen Gott, lieben von ganzem Herzen, von ganzer Seele und von ganzem Gemüt«* (5.Mose 6,5). *Dies ist das höchste und größte Gebot. Das andere aber ist dem gleich:* »Du sollst deinen Nächsten lieben wie dich selbst« (3.Mose 19,18). *In diesen beiden Geboten hängt das ganze Gesetz und die Propheten."* (Matthäus 22,37-40)

Durch diese beiden Pfeiler „Liebesgebot" und „Missionsauftrag" wird die Gemeinde in einer Stabilität nach innen (Liebe) und einer Dynamik nach außen (Gehen) gehalten.

Die Mitte der Arbeit einer Gemeinde ist dabei immer der dreieinige Gott. Um seine Pläne und Ziele geht es, und nicht um unsere. Seine Ehre soll vermehrt werden. Nicht die Attraktivität der Gemeindearbeit ist Motivation und Ziel, sondern die Verherrlichung Gottes und die Umsetzung seiner Pläne und Ziele.

Dabei prägen Glaube, Liebe und Hoffnung den Dienst der Gemeinde. Nach dem Missionswissenschaftler Dr. George W. Peters hat die Gemeinde vor allem drei großartige Aufgabenfelder, die Gott seiner Gemeinde gibt, und damit jedem einzelnen Menschen, der an Jesus glaubt:

Verherrlichung Gottes

nach oben

nach innen nach außen

Auferbauung der Gemeinde   **Sendung in die Welt**

Demnach soll die Arbeit der Gemeinde vor allem den Dienst „nach oben", „nach innen" und „nach außen" widerspiegeln. Die Stichworte zu jedem Bereich charakterisieren die Umsetzung des Auftrags in der Gemeindearbeit.

Damit klar wird, was sich aus biblischer Sicht hinter den Stichworten verbirgt, hier ein paar Verweisstellen aus der Bibel:

Verherrlichung Gottes
Vgl. Epheser 1,3.6.12.14; 3,20; 1. Korinther 6,19-20

Auferbauung der Gemeinde
Vgl. Epheser 1,15-25; 4,1-16

Sendung in die Welt
Vgl. Epheser 5,14-20; 2. Korinther 5,11-21; Matthäus 28,16-20

Und dies alles nicht nur als bloßer Zusammenschluss von Individuen, die ihre eigenen Pläne und Ziele verfolgen, sondern als Gemeinschaft von Nachfolgern Jesu die aufeinander Acht haben (vgl. Hebräer 10,24-25), und die in enger Zusammenarbeit (GEMEINSAM: Johannes 17), im Sinne Jesu, die Mission Jesu in der Welt umsetzen möchte.

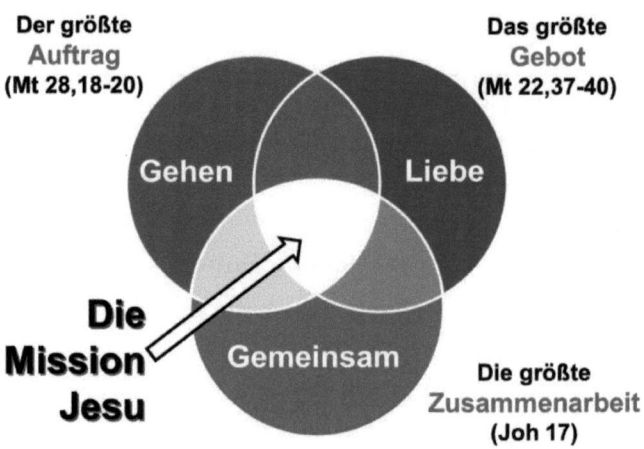

Biblische Meditation

„Und lass das Buch dieses Gesetzes nicht von deinem Munde kommen, sondern betrachte es Tag und Nacht, dass du hältst und tust in allen Dingen nach dem, was darin geschrieben steht. Dann wird es dir auf deinen Wegen gelingen und du wirst es recht ausrichten." (Josua 1,8)

Um aus den Inhalten dieses Büchleins einen möglichst großen Nutzen für sich selbst ziehen zu können, ermutige ich Sie, mit einem Stift in der Hand zu lesen, Schlüsselstellen zu unterstreichen und Notizen darüber zu machen, was Ihnen der Geist Gottes durch sein Wort sagt. Nehmen Sie sich die Zeit, jede Bibelstelle auch im Gespräch mit Gott zu reflektieren. Man nennt dies auch Gebet.

Wenn Sie die Bibel lesen und Ihnen ein Vers „entgegenspringt", Ihnen also förmlich „ins Auge sticht", dann könnte es sein, dass Gott Ihnen mitteilen möchte: „Das ist ein Wort für deine derzeitige Situation". In solchen Fällen spricht man von persönlicher Offenbarung oder Erkenntnis. Für einen Menschen, der an Jesus glaubt, sind dies sehr kostbare Erlebnisse. Damit auch Sie dies erleben können, habe ich im Folgenden sieben Schritte für Sie aufgelistet, die es Ihnen ermöglichen können, solche Erkenntnis(se) zu erlangen, wann immer Sie die Bibel lesen, bzw. darüber meditieren.

Wenn Sie diesen Schritten folgen, können Ihnen Wahrheiten und Einsichten aufgehen, und ein Verständnis davon, wie sich Ihr Leben nach Gottes Vorstellungen verändern könnte. All dies durchdringt Ihren Geist und Ihre Seele. Mit der Zeit werden Sie sich nach diesem Erlebnis sehnen, jedes Mal, wenn Sie die Bibel lesen.

Bereiten Sie sich deshalb vor, indem Sie die folgenden sieben Schritte umsetzen. Reflektieren Sie diese Schritte im Gebet und finden Sie heraus, welche Sie derzeit schon verwenden und welche nicht. Danach stellen Sie bitte sicher, dass Sie mit der Zeit alle Schritte anwenden können, auch während Ihrer ganz normalen Zeit mit Gott.

Erläuterung der sieben Schritte biblischer Meditation[92]

1. *Herr, mache mir bewusst, dass ich durch dein Blut gereinigt bin.* Da der Empfang göttlicher Offenbarung im Zentrum der biblischen Meditation liegt, müssen Sie sich darauf vorbereiten, vom Heiligen Geist zu empfangen, indem Sie sich der Vergebung Ihrer Sünden durch das Blut des Lammes bewusst sind (1. Johannes 1,7). Der Heilige Geist wird Sie in der Meditation leiten und Ihnen sein Wort offenbaren (Johannes 14,26).

2. *Herr, mache mich belehrbar:* Offenbarungen werden den Demütigen gegeben, und den Stolzen und Hochmütigen vorenthalten. Daher seien Sie vor Gott ehrlich und demütig - geben Sie ihm die Freiheit, Ihnen für Ihre aktuelle Situation mehr Licht zu geben und Sie nach seinem Ermessen zu verändern (Jakobus 4,6; 2. Petrus 1,19).

3. *Herr, ich werde meine Kräfte nicht selbst nutzen:* Sie vermögen nichts aus eigener Initiative zu tun, sondern nur das, was Sie durch den Geist hören und sehen (Johannes 5,19-20+30). Sie haben Ihren Verstand nicht, um ihn selbst zu nutzen, sondern um ihn Gott darzubieten, damit er ihn nutzen, und mit gesalbter Logik und göttlicher Vision füllen kann (Sprüche 3,5-7; Römer 12,1-2). Wenn Sie Ihren Verstand selbst nutzen, ist das ein totes Werk (Hebräer 6,1-2).

4. *Herr, ich bete, dass die Augen meines Herzens geöffnet werden mögen:* Lesen Sie Bibeltexte langsam, denken Sie immer wieder mit Herz und Verstand über den Text nach und bleiben Sie dabei in der Erwartung, dass Gott Ihnen seinen Geist der Weisheit und Offenbarung, in der Erkenntnis seiner selbst, geben wird (Epheser 1,17-18; Psalm 119,18).

5. *Herr, ich bringe dir meine logische Denkfähigkeit und Vorstellungskraft dar, damit du sie erfüllst und mit deinem Geist durchströmst:* Meditation beinhaltet, dass Sie Gott Ihre Fähigkeiten darbringen, damit er sie erfüllt und nutzt. Das schließt das logische Denkvermögen der linken wie auch die visuellen Fähigkeiten der rechten Gehirnhälfte ein. Halten Sie nach dem Fluss Gottes („dem Fluss des Geistes") Ausschau, beide Seiten des Gehirns zu leiten und zu erfül-

---

[92] Vgl. Virkler, Mark: Gebete, die das Herz heilen, Gemeinschaft mit Gott Dienste 2013, S. 145-147.

len, und Ihnen gesalbtes logisches Denken, Träume und Visionen zu geben. Beim Entdeckungsprozess kann Musik und auch Murmeln, Sprechen und Schreiben helfen (Johannes 7,37-39).

6. *Herr, zeige mir die Lösung für mein Problem:* Wenn man sich aufmerksam auf ein Problem konzentriert, werden in Herz und Verstand zusätzliche, konzentrierte Energien freigesetzt, was die Offenbarung beschleunigt. Denken Sie z.B. an den Unterschied zwischen einem Sonnenstrahl, der auf ein Stück Papier scheint, und einem Strahl, der durch ein Vergrößerungsglas auf das Papier fällt. Die gebündelte Energie schafft einen so konzentrierten Strahl, dass auf dem Papier ein Feuer ausbricht. Wenn Sie bildungshungrig sind und eine neue Disziplin verstehen und beherrschen möchten, wird Sie Ihr suchendes, hungriges Herz veranlassen, Dinge zu sehen, die Sie normalerweise nicht sehen würden (Matthäus 5,6).

7. *Danke, Herr, für das, was du mir gezeigt hast:* In der Erkenntnis, dass die Offenbarung vom innewohnenden Heiligen Geist kam, geben Sie Gott die Ehre für das, was offenbart wurde (Epheser 3,21).

Vermeiden Sie:	Tun Sie Folgendes:
NUR LINKE GEHIRNHÄLFTE NUTZEN STUDIEREN RATIONALER HUMANISMUS	GANZES GEHIRN/HERZ NUTZEN MEDITATION GÖTTLICHE OFFENBARUNG
1. Verborgene Sünden	1. Seien Sie sich der Vergebung Ihrer Sünden, durch das Blut Jesu, bewusst
2. Eine voreingenommene Einstellung	2. Seien Sie belehrbar
3. Unabhängigkeit: „Ich kann…"	3. Beten Sie: „Herr, zeige mir…"
4. Schnell zu lesen	4. Lesen Sie langsam, nachdenklich, erwartungsvoll…
5. Sich nur auf Verstand und Analyse zu verlassen	5. Kombinieren Sie gesalbte Vernunft, fließende Bilder, Musik und Sprache

Vermeiden Sie:	Tun Sie Folgendes:
6. Absichtslos zu lesen	6. Lesen Sie bewusst
7. Sich Einsichten selbst anzu-rechnen	7. Verherrlichen Sie Gott für die Ihnen geschenkten Einsichten

Die hebräische und griechische Definition von „Meditation"

Nach Strongs ausführlicher Konkordanz liegen den Wörtern „meditieren" und „Meditation" mehrere hebräische und griechische Wörter im Alten und Neuen Testament zugrunde[93].

Die wörtliche Bedeutung von „meditieren" und „Meditation" ist laut Strong: „Murmeln, mit sich selbst (laut) reden, sprechen, reden, plappern, Kommunikation, sich aufregen, laut schreien, trauern, ein murmelndes Geräusch, eine musikalische Bezeichnung, studieren, nachdenken, hin und her überlegen, sich vorstellen, beten, Gebet, Besinnung, Andacht".

Davon sind die folgenden Funktionen der linken Gehirnhälfte zuzuordnen: „Studieren, hin und her überlegen, murmeln, sich unterhalten, sprechen, reden, Kommunikation" (Man beachte: Logik und Sprache gehören der linken Hälfte an).

Der rechten Gehirnhälfte sind zuzuordnen: „Sich etwas vorstellen, eine musikalische Bezeichnung, trauern, plappern" (Anmerkung: Experimente des Fuller Theologischen Seminars haben ergeben, dass das Zungenreden in der rechten Gehirnhälfte stattfindet. Bilder, Musik und Gefühle sind ebenfalls Funktionen der rechten Hälfte).

Dem Herzen sind zuzuordnen: „Beten, Gebet, Andacht, Besinnung, Nachdenken" (erleuchtete Logik fügt dem logischen Prozess den Fluss des Heiligen Geistes hinzu - Epheser 1,17-18).

---

[93] Strong gibt ihnen im AT die Nummern 1897, 1900, 1901, 1902, 7878, 7879, 7881 und im NT die Nummern 3191 und 4304.

Die Meditation ist ein Prozess beider Gehirnhälften und des Herzens, während das Studieren oft nur links geschieht

Wenn Sie Menschen fragen, die beim Nachdenken vorzugsweise die linke Gehirnhälfte nutzen, ob sie die Bibel studieren, indem sie häufig ihre Vorstellungskraft verwenden, werden Sie in der Regel ein etwas verwundertes „Nein" als Antwort erhalten.

Fragen Sie jedoch Menschen, die überwiegend die rechte Gehirnhälfte einsetzen, ob sie die Bibel studieren, indem sie häufig Ihre Vorstellungskraft verwenden, werden Sie in der Regel ein fröhliches „Ja" als Antwort erhalten.

Auch daraus wird deutlich, dass eine Person, die von der linken Gehirnhälfte dominiert ist, die Bibel anders studieren wird als jemand, der überwiegend seine rechte Gehirnhälfte einsetzt. Wir übersehen das leicht, weil wir annehmen, dass alle anderen Leute so wie wir studieren. Das stimmt aber nicht. Menschen, bei denen die linke Gehirnhälfte dominiert, verwenden hauptsächlich Logik, Vernunft und Analyse. Menschen, bei denen die rechte Gehirnhälfte dominiert, studieren (oder wir könnten sagen, meditieren) hauptsächlich unter Zuhilfenahme von Bildern und Vorstellungskraft, zusammen mit Vernunft, Analyse, Sprache und Gesang.

Bei der Meditation wird demnach das gesamte Gehirn vom innewohnenden Heiligen Geist geleitet, während beim Studieren hauptsächlich der linke Teil des Gehirns genutzt und vom Menschen gesteuert wird. Was für eine überraschende Einsicht, besonders wenn einem aufgeht, dass die Bibel im Griechischen niemals zum Studieren, dafür aber 21 Mal zum Meditieren ermutigt. Als ein von der linken Gehirnhälfte dominierter Mensch tat ich daher Buße fürs Studieren und nahm mir von Herzen vor, von nun an nur noch zu meditieren, wenn ich mich ans Wort Gottes setze oder irgendein anderes Thema erforsche, das Gott mir nahelegt.

Abschreiben von Bibelversen

Ein weiteres gutes Hilfsmittel, um biblische Inhalte besser zu verstehen, ist das Abschreiben sowie das Auswendiglernen von Bibelversen. Allein schon wenn Sie einen Vers aufschreiben oder tippen, entdecken Sie Worte, die Sie normalerweise übersehen hätten. Gott gab deshalb auch das folgende Gesetz für neue Könige, die gerade gekrönt worden waren und zum ersten Mal auf dem Thron sitzen sollten:

„Und wenn er nun sitzen wird auf dem Thron seines König-reichs, soll er eine Abschrift dieses Gesetzes, wie es den levitischen Priestern vorliegt, in ein Buch schreiben lassen."

(5. Mose 17,18)

Wenn dies schon für die Könige des Volkes Israel gegolten hat, wie-viel mehr sollten wir es als Könige und Priester (1. Petrus 2,9) des neu-en Bundes, in Jesus Christus tun. Deshalb meine Empfehlung: Machen Sie das Aufschreiben von Schriftstellen zu einem wichtigen Teil Ihres Lebens. Und wenn Sie es noch eindrucksvoller gestalten wollen, dann lernen Sie möglichst viele Bibelstellen auswendig. Das wird Ihr Leben, Ihr Denken und Handeln grundlegend verändern, glauben Sie mir!

Und jetzt wünsche ich Ihnen viel Freude beim Studium Ihrer Themen und der Meditation mit und über dem Wort Gottes, der Bibel.

Hier ein Gebet, mit dem Sie die studierende Meditation von Bibelstel-len beginnen können:

Jesus, mein Herr, ich danke dir für die Möglichkeit, über deinem Wort meditieren zu können. Bitte öffne meine geistlichen und natürli-chen Sinne und beschenke mich mit deiner Offenbarung und der Er-kenntnis deines Wortes und deiner selbst, während ich über deinem Wort meditiere und studiere. Vielen Dank für diesen Segen. Amen.

Weitere Bücher von Hans-Werner Zöllner

Die Bücher (und E-Books) können Sie in jeder Buchhandlung kaufen, oder z.B. auch über Amazon.de bestellen.

Die Vision als Fixstern der Veränderung
(Veränderungsprozesse in christlichen Gemeinden)

Paperback - 314 Seiten
Mit vielen Schaubildern und Praxisbeispielen

Preise:

Gemeinde-Coaching Band 1

Buch: 14,95 Euro
E-Book: 9,99 Euro
ISBN: 978-3-7386-4466-1

Leiterschaft ist ... wenn der Leiter schaf(f)t
(Ein Führungskräfte-Coaching)

Paperback - 310 Seiten
Mit vielen Checklisten, Formularen und Schaubildern

Preise:

Gemeinde-Coaching Band 2

Buch: 14,95 Euro
E-Book: 9,99 Euro
ISBN: 978-3-7431-8195-3

Plane dein Leben ... denn die Uhr tickt!
(Lebensplanung mit Vision)

Paperback - 160 Seiten
Mit vielen Schaubildern und Formularen

Preise:

Buch: 9,95 Euro
E-Book: 6,49 Euro
ISBN: 978-3-7448-8232-3

Verheißungen der Bibel
(Motivierende Impulse für jeden Tag)

Paperback - 64 Seiten

Preise:
Buch: 6,95 Euro
E-Book: 4,49 Euro
ISBN: 978-3-7448-4879-4

Lasst uns lieben, denn Er hat uns zuerst geliebt
(Impulse aus dem ersten Johannes-Brief)

Paperback - 172 Seiten

Preise:
Buch: 9,95 Euro
E-Book: 6,49 Euro
ISBN: 978-3-7392-1534-1

Wer kann das glauben?
(Wissenswertes zum christlichen Glauben)

Paperback - 196 Seiten

Preise:
Buch: 9,95 Euro
E-Book: 6,49 Euro
ISBN: 978-3-7528-3943-2

Über den Autor

Hans-Werner Zöllner

ist Autor, Coach, Speaker und der Gründer von HWZ Ministries. Er hat es sich zur Aufgabe gemacht, christlichen Gemeinden und deren Führungskräften in allen Fragen rund um Entwicklung und Veränderung zur Seite zu stehen.

Chronologischer Werdegang

* ❖ Gründung HWZ Ministries
  In dieser Zeit ehrenamtlich tätig als Vorstand (Ältester) in der evangelischen Freikirche Christliches Zentrum Günzburg e.V.
* ❖ Technischer Betriebsleiter Tex&More GmbH
* ❖ Lehrbeauftragter an der Internationalen Hochschule Liebenzell (IHL) und Leiter der Hochschulbibliothek der IHL
* ❖ Geschäftsführer bei der CTL gemeinnützige GmbH
  CTL ist ein Bildungsunternehmen dreier theologischer Ausbildungsstätten in Kooperation mit der Middlesex University in London.
  In dieser Zeit ehrenamtlich tätig als Gemeindeleiter (Ältester) der Stadtmission Wetter und Mitglied des Vorstandes des Chrischona Gemeinschaftswerks Deutschland.
* ❖ Geschäftsführender Pastor eines Gemeinschaftsbezirks im Liebenzeller Gemeinschaftsverband
* ❖ Ausbildung zum Gemeinschaftspastor
  am Theologischen Seminar der Liebenzeller Mission (heute: Internationale Hochschule Liebenzell)
* ❖ Bundeswehr (Zeitsoldat - 8 Jahre - Ausbilder im Fernmeldebereich)
* ❖ Besuch der Grund- und Hauptschule und anschließende Ausbildung zum Sägewerker
* ❖ Geboren 1963 in Künzelsau/Hohenlohe

Qualifikationen

* ❖ Gemeindeberater Natürliche Gemeindeentwicklung (NCD)
* ❖ Trainer persolog Persönlichkeits-Profil
* ❖ Coach (DGfC 2009)
* ❖ Trainer persolog Lernen und Lehren
* ❖ Master of Arts in Praktischer Theologie